ISRAEL

S

MEINEM
GELIEBTEN
SOHN ELIAS
GEWIDMET

Wolfgang Sotill

ISRAEL

40 EINFACHE FRAGEN
40 ÜBERRASCHENDE ANTWORTEN

Fotos von Christian Jungwirth

S

ZEITTAFEL

WARUM
40 FRAGEN?
EIN VORWORT

———

EINE FRAGE wird mir bei der Vor- oder Nachbereitung von Reisen und nach Vorträgen immer wieder gestellt: „Welches Buch empfehlen Sie?" Die Liste der bemerkenswerten Publikationen ist lang, aber kaum jemand findet in der Geschäftigkeit des Alltags Zeit für die Lektüre mehrerer Bücher. Die meisten suchen eine Publikation, die umfassend, fundiert und verständlich Orientierung bietet. Dieses Buch enthält Fragen, die mir Touristen und Pilger während meiner langjährigen Tätigkeit als Reiseleiter wiederholt gestellt haben. Das inhaltliche Spektrum ist dementsprechend breit und reicht vom Nahost-Konflikt bis hin zum jüdischen Witz. Mein Ziel ist es, Fakten zu vermitteln, Zusammenhänge aufzuzeigen und Klischees aufzubrechen.

Die Motive jener, die nach Israel reisen, sind sehr unterschiedlich: Manche kommen als fromme Pilger, denen vornehmlich an den christlichen heiligen Stätten gelegen ist. Andere sehen sich als „kulturell Interessierte". Für sie ist die Religion oft zur religiösen Kultur geschrumpft, die Glaubensdecke ist womöglich dünn geworden und von vielen Fragezeichen begleitet. Nicht selten suchen sie im Land der Bibel den naiv-vertrauenden Glauben ihrer Kindheit oder eine Bestätigung dafür, warum sie sich von ihrer Kirche distanziert haben. Das eine ist nicht, das andere sehr leicht zu entdecken.

Immer wieder reisen Menschen auch aus politischen Gründen. Sie wollen ihre Solidarität mit einer der beiden Gruppen des

Konflikts bekunden. Ihr bevorzugtes Interesse gilt Orten, an denen arabische Selbstmordattentäter viele Juden getötet haben, oder auch den Flüchtlingslagern der Palästinenser. Auch wenn ihr Interesse vordergründig profan und politisch ist, so wollen sie doch die prominentesten Adressen der Religionsgeschichte besuchen: die Grabeskirche, die Westmauer, die großen Moscheen, Betlehem ...

Was auch immer der Grund für eine Reise ist – für alle stellt sich der Besuch des Landes als „geistiges Abenteuer" dar. Sie müssen sich damit auseinandersetzen, Bilder, die sie aus den Tagen ihrer frühen Kindheit von den biblischen Orten in sich tragen, mit der Realität in Einklang zu bringen. Plötzlich ist der Stall der Geburt Jesu kein Stall mehr, sondern eine Höhle. Und der Garten Getsemani, der Ort der Verhaftung Jesu am Ölberg, ist kein lauschiges Wäldchen, sondern nur eine Gruppe von 16 Bäumen. Und selbst die stammen nicht aus der Zeitenwende, sondern wurden von Kreuzfahrern gepflanzt. Man sieht: Die eigenen Vorstellungen erfüllen sich im Land der Bibel oft nicht.

Dazu kommt bei Pilgern die Frage, welchen Stellenwert die Bibel für sie hat. Sind die Psalmen doch mehr als bloß eine wunderbare Dichtung? Und ist das Hohelied der Liebe, in dem es heißt „ein Beutel Myrrhe ist mein Geliebter, der zwischen meinen Brüsten ruht" (1,13) nicht doch anders zu lesen als nur eine Allegorie des Verhältnisses Jesu zu seiner Kirche? Darf dieses Lied, das König Salomon als Verfasser zugeschrieben wird, erotische Literatur sein, voll Lebensfreude und Zärtlichkeit? Man kann das Land der Bibel bereisen und nur bestätigt sehen, was man auch zu Hause schon gewusst hat. Man kann sein Wissen aber auch erweitern. Das ist einem lebendigen Glauben geschuldet.

Dieses Land ist uns allen irgendwie Heimat und doch hat es viele Seiten an sich, die uns fremd sind und uns verunsichern – etwa: Wie gehe ich mit dem zeitgenössischen Judentum um, das seit dem Zweiten Vatikanischen Konzil und von allen nachfolgenden Päpsten als göttliche Offenbarungsreligion gehandelt wird? Wie bringe ich diese biblische Sicht in Einklang mit meinem Solidaritätsgefühl, das ich den unter dem Konflikt stark leidenden Palästinensern entgegenbringe? Manche Reiseleiter machen es sich einfach und unterscheiden zwischen den „guten Juden" in biblischer Zeit und den „bösen Israelis" der Gegenwart. Das ist schlichtweg falsch.

Schon an diesen wenigen Fragen erkennt man: Israel ist ein ewiges Verwirrspiel des Intellekts und auch der Gefühle. Vor allem dann, wenn man erkennen muss, dass die maschinelle Menschenvernichtung der Shoa nicht nur ein Aspekt der jüdischen Geschichte, sondern auch einer der österreichischen und der deutschen ist. Nach dem Besuch der Holocaust-Memorialstätte Yad Vashem habe ich des Öfteren Gespräche geführt, die sehr persönlich waren: „Was hat mein Vater, der an der Ostfront eingesetzt war, gewusst? War er aktiv an Judenerschießungen beteiligt? Gesprochen hat er über seine Zeit im Krieg jedenfalls nie, sondern die verlorenen Jahre immer nur mit dem Satz zusammengefasst: ‚Es war eine schwere Zeit.'" Solch ein Resümee lässt viele Deutungen zu.

Ich wiederhole mich, wenn ich sage: Israel ist ein geistiges Abenteuer, ein, wenn man ihn nur zulässt, bereichernder Prozess, der mit einer einzigen Reise freilich nicht beendet ist. Darum sollten Sie verstehen: Auch eine noch so fundiert geführte Tour kann nie der Endpunkt, sondern immer nur der Ausgangspunkt für weitere Fragen sein – egal ob im Bereich des Glaubens oder in der Politik.

Ich war als Student in Jerusalem sehr orientierungslos. Ich hatte arabische Freunde und jüdische. Beide Seiten waren sehr nett, sehr hilfsbereit, sehr kumpelhaft. Zu beiden fühlte ich mich hingezogen, während diese mehr oder weniger strikt gegeneinanderstanden. Lange Zeit hatte ich ein schlechtes Gewissen der jeweils anderen Gruppe gegenüber. In diesem Schlamassel meiner Gefühle suchte ich Rat. Und zwar bei dem Benediktiner Laurentius Klein, mittlerweile verstorbener Abt der deutschen Benediktinerabtei Dormitio Mariae am Berg Zion. Seine Antwort lautete: „Weißt du, je länger ich im Land bin, desto weniger durchblicke ich die politischen Zusammenhänge. Wenn du aber unbedingt eine Antwort hören willst, dann sage ich dir: Mit dem Herzen bin ich oft auf der Seite der Araber, mit dem Kopf aber auf der der Israelis."[1] Diese Antwort ist wahrscheinlich die beste, die ich jemals zum Konflikt gehört habe. Wohl aber auch die schwierigste, weil sie sich unserem Streben nach eindeutigen Kategorisierungen entzieht. Dabei wünschen wir so sehr, Gutes und Böses, Recht und Unrecht klar erkennen zu können. Stattdessen zwingt uns Israel in einer offenen Gedankenwelt zu leben, in der es eben nicht immer nur eine einzige richtige Antwort gibt. Es ist ein Land, in dem man mit Antworten auf Fragen überrascht wird, die man gar nicht gestellt hat.

Israel zwingt seine aufmerksamen Besucher auch in neue Kategorien der Geschichtsbetrachtung. Eines der ältesten Völker der Erde, das wunderbare Leistungen für die Welt erbracht hat – die Idee des Eingottglaubens und der Nächstenliebe und vieles andere mehr –, steht vor der Frage: „Wird es diesen Staat, den einzigen sicheren Hafen für Juden auf der Welt, für unsere Kinder oder Enkelkinder noch geben?" Eine Frage, die sich in Europa niemand von seinem Land zu stellen braucht. Solch eine permanente Bedrohung lässt Menschen nachdenklicher, aber auch lebensfroher werden. Das ist wohl auch der Grund, warum so viele junge Menschen aus Europa für ein paar Tage nach Tel Aviv fliegen, um dort die Intensität des Lebens in besonderer Weise zu spüren.

Israel wirft Fragen über Fragen auf. Warum aber sind es in diesem Buch ausgerechnet 40? Die Zahl 40 spielt in der Bibel eine große Rolle. 40 Tage dauerte die Sintflut, 40 Tage war Mose auf dem Berg Sinai, um die Gesetzestafeln in Empfang zu nehmen, 40 Jahre dauerte die Wüstenwanderung des Volkes Israel von Ägypten ins gelobte Land, 40 Tage und 40 Nächte ging der Prophet Elias in schwerer Niedergeschlagenheit zum Berg Horeb, 40 Tage fastete Jesus, um sich auf seine Sendung vorzubereiten. Die Zahl 40 steht immer für einen Zeitraum, der eine Wende, eine Umkehr und einen Neubeginn ermöglicht. Ich wünsche mir, dass die Leserin, der Leser nach der Lektüre der 40 Antworten Israel mit neuen Augen sieht. Niemand erwartet eine unkritische Jubelstimmung, aber sehr wohl fundierte Urteile, die keine oberflächlichen Vorurteile mehr sind. Das ist es, was Israel verdient. Nicht mehr und nicht weniger.

◆◇

LAND

&

LEUTE

◆

WAS SOLLTE MAN WISSEN, WENN MAN NACH ISRAEL FÄHRT?

ES SOLL Sie nicht abschrecken, wenn ich sage: Der Flughafen von Tel Aviv ist der gefährlichste Ort, wenn Sie in einer Gruppe reisen. Dort verschwinden die meisten Leute. Und andere, nach denen der Guide – vermeiden Sie in Israel den Ausdruck „Führer"– nie gesucht hat, tauchen plötzlich auf. Aber der Reihe nach. Die Gruppe war noch vollzählig, als ich sie in der Wartehalle des Flughafens in Empfang nahm. Aber keine zwei Gehminuten später war ein Mann verschwunden. Zugegeben: Ich hätte noch einmal nachzählen müssen, aber da mir von der Ankunftshalle in Ben Gurion bis zu dem davor wartenden Bus noch nie jemand verloren gegangen war, dachte ich gar nicht daran. Wir fuhren ohne ihn los. Der abgängige Herr, ein pensionierter Lehrer, hat sich die Fahrt nach Tiberias mit Zug und Bus schließlich selbst organisiert. „Ich habe Israel schon ein wenig kennengelernt", schwärmte er geradezu, als er am Abend im Hotel zur Gruppe stieß. Er sei ganz begeistert von dem Land, denn er habe so viele hilfsbereite Leute getroffen.

Ein anderes Mal habe ich meine Reiseteilnehmer doch gezählt. Mit dem Ergebnis, dass ich eine Person zu viel im Bus hatte. Wie sich herausstellte, war es eine betagte Frau, die die Reise von ihren Kindern zu einem runden Geburtstag geschenkt bekommen hatte. Reiseunerfahren hatte sie sich am Flughafen einer deutschsprachigen Gruppe angeschlossen, von der sie glaubte, es sei die ihrige. Das war unsere Gruppe aber nicht. Auf die Frage, bei welchem österreichischen Unternehmen sie gebucht habe, wusste sie ebenso wenig eine Antwort wie auf jene nach dem Hotel, in dem sie wohnen sollte. Einen so alten Menschen, der die Sprache des Landes nicht versteht und sich nicht zu helfen weiß, kann man nicht einfach seinem Schicksal überlassen. Einige Telefonate später hatten wir ihre Gruppe ausfindig gemacht. In charmantem Kärntnerisch bedankte sich die 80-Jährige mit den Worten: „Eigentlich würde ich gerne bei euch bleiben. Ihr seid so nett!"

Was möchte ich Ihnen damit sagen? Israel ist ein kleines, überschaubares Land mit vielen warmherzigen und hilfsbereiten Menschen. Vieles lässt sich ganz unkompliziert organisieren, selbst wenn es manchmal ein wenig chaotisch zugeht. Diesem Lebensstil, Kleinigkeiten nicht zu problematisieren, sondern sie unkonventionell zu lösen, steht allerdings auch ein striktes staatliches Regelsystem gegenüber, das zur Aufrechterhaltung der Sicherheit – auch Ihrer – dient. So dürfen Sie nur einreisen, wenn Ihr Reisepass vom Tag der Abreise aus Israel zumindest noch sechs Monate und einen Tag gültig ist. Visum braucht man als österreichischer oder deutscher Staatsbürger keines. Bei der Einreise erhalten Sie keinen Stempel in Ihren Pass, dafür aber eine scheckkartengroße Kopie des Passes, die Sie bis zur Abreise aufbewahren sollten.

Schwierig kann sich die Einreise allerdings gestalten, wenn ihr Pass Stempel aus Ländern wie Syrien, Afghanistan oder dem Iran aufweist. Das führt zu ernsthaften Komplikationen. Im Allgemeinen sind die Sicherheitskontrollen aber meist schon nach wenigen kurzen Fragen erledigt. Dramatische Berichte, die immer wieder die Runde machen, die Israelis würden Reisende schikanieren, Koffer auf der Suche nach Waffen und Sprengstoff durchwühlen, Bücher durchleuchten und sogar Früchte durchschneiden, gehören ins Reich der Vergangenheit. Die Sicherheitskräfte sind im Allgemeinen professionell, freundlich und hilfsbereit. Immer wieder bin ich über die Handhabung der Sicherheitsbestimmungen überrascht. So darf man in Israel zum Beispiel Wasserflaschen mit an Bord von Flugzeugen nehmen, was in Europa streng verboten ist.

Manche, besonders ältere oder kranke Menschen, haben Bedenken, was die medizinische Versorgung betrifft. Sie dürfen selbstverständlich alle persönlichen Medikamente im Flugzeug mit sich führen. Wenn Sie medizinisch-technische Geräte, wie etwa zur Atmungsunterstützung, benötigen, empfiehlt es sich, eine Beschreibung des Geräts mitzunehmen. Wer im Rollstuhl reist, muss dies der Fluglinie rechtzeitig bekannt geben. Wenn vor Ort gesundheitliche Probleme auftreten, darf ich Sie beruhigen. Die medizinische Versorgung in Israel ist erstklassig. Es kann allerdings empfindlich teuer werden, wenn man im Krankenhaus behandelt werden muss. Daher sollten Sie mit einer guten Versicherung vorsorgen.

Die meisten Fragen von Reisenden beziehen sich aufs Geld. Es ist nicht notwendig, in Europa israelische Schekel zu schlechten Konditionen zu kaufen. Nehmen Sie Euro mit und wechseln Sie bei einem autorisierten „Moneychanger". Die Kurse sind meist besser als in den Hotels oder am Flughafen. Niemand, der Geld wechseln will, geht in Israel in eine Bank. Dort ist der administrative Aufwand zu hoch und die Wartezeit zu lang. Sehr viele Geschäfte und Restaurants akzeptieren auch Euro- oder Dollar-Banknoten. Das Netz an Bankomaten ist in seiner Dichte ausreichend. Solche, die in religiös-jüdischen Wohnvierteln aufgestellt sind, funktionieren am Schabbat nicht. Nur schwer zu beantworten ist die Frage, wie viel Geld Sie mitnehmen sollten. Das hängt ganz von Ihren Bedürfnissen und finanziellen Möglichkeiten ab. Ich hatte einmal einen Reiseteilnehmer, dessen Goldene Kreditkarte ihm nach wenigen Tagen den Dienst versagte, weil er hemmungslos Ikonen und auch Diamanten eingekauft hatte. Andere Reisende kommen mit ganz wenig Geld aus.

Ein weiterer schwieriger Punkt ist die Frage nach Trinkgeldern. In Israel wird für diverse Dienstleistungen Trinkgeld erwartet, in einem Restaurant sollten es zumindest zehn Prozent sein. Seien Sie vorsichtig, wenn Sie essen gehen. Die Preise sind sehr hoch und alkoholische Getränke wirklich teuer. Das Wasser mit Minze oder Zitrone, das Ihnen obligatorisch in jedem Restaurant auf den Tisch gestellt wird, können Sie problemlos trinken.

Wenn Sie individuell reisen, kommen Sie sowohl in Israel als auch in den Palästinensergebieten mit Englisch sehr gut durch. Sollten Sie einen Mietwagen nehmen, dann beachten Sie, dass Sie mit einer israelischen Nummerntafel nicht ins Westjordanland reisen können. Auch wenn Sie das Fahrzeug bereits von zu Hause aus bei einer internationalen Agentur gebucht haben, sollten Sie Orte wie Betlehem oder Jericho meiden, da Sie dort keinen Versicherungsschutz haben. Eine Ausnahme stellen die Straßen durch das Jordantal von Galiläa bis zum Toten Meer und jene von Jericho nach Jerusalem dar. Auf diesen Straßenabschnitten sind Sie versichert. Der öffentliche Verkehr ist gut ausgebaut und Sie können das Land auch mit öffentlichen Bussen bereisen. Sammeltaxis, Sheruts genannt, finden Sie an nahezu allen Verkehrsknotenpunkten.

Telefonieren mit dem Handy und die Nutzung des Internets können sehr teuer werden. Immer wieder höre ich diesbezüglich Klagen von Reisenden. Auch wenn Israel im Sport Europa zugerechnet wird, beim Telefonieren ist das nicht der Fall. Erkundigen Sie sich bei Ihrem Anbieter vor der Reise über die entsprechenden Konditionen. Die Internet-Abdeckung ist im ganzen Land hervorragend und WLAN gibt es auch in den meisten Reisebussen.

Das Fotografieren ist beinahe überall erlaubt. Und sollte es einmal verboten sein, dann werden Sie mit Warntafeln darauf hingewiesen. Auch wenn es verlockend ist, am Schabbat an der Westmauer die Kamera zu zücken – verzichten Sie darauf. Respektieren Sie die Privatsphäre und die religiösen Gefühle von Menschen. Es wird auch nicht gerne gesehen, wenn Sie arabische Frauen fotografieren. Es ist ein Gebot der Höflichkeit und des Respekts, zu fragen, bevor man den Auslöser drückt. Wenn jemand bereit ist, sich fotografieren zu lassen, erwartet er/sie eine kleine Gegenleistung, ein Bakschisch. Geschäft ist eben Geschäft.

Noch ein Tipp: Berücksichtigen Sie bei Ihrer Reiseplanung die religiösen Feiertage der einzelnen Religionen. Der Freitag ist der heilige Tag des Islam, am Samstag ist Schabbat und der Sonntag ist der christliche Feiertag. Dementsprechend gestalten sich die Öffnungszeiten verschiedener Sehenswürdigkeiten. Die Westmauer sollten Sie an einem Montag- oder Donnerstagvormittag besuchen, denn dann können Sie dort eine Bar Mitzwa miterleben.

Sie können Israel zu jeder Jahreszeit besuchen, von Anfang Jänner bis Ende Dezember. In den Wintermonaten kann es am See Gennesaret, am Toten Meer und in Eilat durchaus frühlingshafte Temperaturen haben. Regenfälle können zwar sehr intensiv sein, dauern aber selten länger als einen Tag. In den Monaten März, April und Mai und im Herbst ist es angenehm warm, aber nicht heiß und zudem niederschlagsarm. Und im Hochsommer? Da sind nur wenige Touristen im Land, denn es hat sich noch nicht herumgesprochen, dass in Jerusalem die Temperaturen oft angenehmer sind als in Mitteleuropa.

Traditionell beenden Juden den Seder-Abend zu Pessach mit dem Wunsch: „Nächstes Jahr in Jerusalem!" Vielleicht haben ja auch Sie Lust, sich diesem Wunsch anzuschließen.

WIE GEFÄHRLICH IST EINE REISE NACH ISRAEL?

EINE LEHRERIN rief mich zwei, drei Jahre vor ihrer Pensionierung immer wieder an und fragte: „Wann fahren Sie das nächste Mal nach Israel?" Ich nannte ihr Termine, aber einmal waren es berufliche, dann wiederum private Gründe, deretwegen sie verhindert war. Als sie dann in Pension war, meldete sie sich tatsächlich zu einer Reise an. In den Wochen davor telefonierten wir mehrfach, sprachen über alles Mögliche, aber von Sicherheitsbedenken war dabei nie die Rede. Drei Wochen vor Reiseantritt leuchtete ihre Nummer erneut auf meinem Handy auf. Aufgeregt erklärte sie mir, dass sie sich abmelden wolle, denn ihre Frisörin habe ihr erklärt, dass es zu gefährlich sei, nach Israel zu fahren. Auf meine Frage, ob die Frisörin Nahosterfahrung habe, verneinte sie. Nein, das zwar nicht, aber das sage ihr ihr Bauchgefühl.

Die Angst vor Israel treibt manchmal seltsame Blüten, wie Markus Bugnyar, Rektor des Österreichischen Hospizes in der Altstadt von Jerusalem, erfahren musste. Bei einer Sicherheitskontrolle am Flughafen Wien-Schwechat wandte sich ein Passagier, dessen Flug gleich nebenan abgefertigt wurde, an ihn und meinte: „Sie fliegen nach Tel Aviv? Sie fliegen in die Hölle!" Bugnyar erwiderte beiläufig: „Aber die ist sehr gut besucht."

Tatsächlich schreibt Israel immer neue Besucherrekorde. Schon 2017 war mit 3,6 Millionen Besuchern aus aller Welt ein Rekordjahr, das 2018 noch einmal deutlich übertroffen wurde. Man überschritt erstmals die Zahl von vier Millionen Touristen. Die Beruhigung im Nahost-Konflikt motivierte in den ersten acht Monaten des Jahres 2018 rund 161.000 Deutsche und 23.500 Österreicher, das Land zu besuchen. Das sind Zuwachsraten gegenüber dem Rekordjahr 2017 von 24 beziehungsweise 25 Prozent.

Wie gefährlich ein Land ist, ist keine Frage der subjektiven Befindlichkeit, sondern kann objektiviert werden. Leicht kann man im Internet recherchieren, wie viele Touristen in Israel verletzt oder gar getötet worden sind. Gibt man die dementsprechenden Suchbegriffe bei einer Internet-Suchmaschine ein, findet man heraus, dass 2016 eine Britin und 2017 ein US-Bürger ums Leben kamen. Statistisch gesehen ist jede Stadt in Israel für Touristen also sicherer als London, Köln, Berlin, Madrid, New York, Tokio, Istanbul oder Moskau. Die Liste ließe sich beliebig fortsetzen.

Dennoch erlebe ich immer wieder, dass sich Reiseteilnehmer als besonders mutig empfinden, wenn sie nach Israel fliegen. Sie erklären mir oft schon während der Busfahrt zum Flughafen, wer ihnen nicht aller von der Reise abgeraten habe: beste Freunde, der Schwager, Arbeitskollegen, sogar die Schwiegermutter. Ein Ehepaar berichtete mir, es habe vor Reiseantritt vorsorglich seinen Nachlass geregelt. Man wisse schließlich nicht, ob man im Heiligen Land nicht von einer Rakete getroffen würde.

Ob stille Helden oder Ehepaare, die bereit sind mit dem Leben abzuschließen – sie alle erwarten von ihrem Reisebegleiter eine Bekräftigung ihres Entschlusses, Zuspruch und Ermutigung. Ich sage dann: „Sie werden nicht die Einzigen sein, die das Land besuchen.

Ganz im Gegenteil." Beim Anblick der Menschenmassen, die sich vor den heiligen Stätten drängen, relativiert sich dann der Heldenmut. Die Angst ist verflogen, sobald die Leute im Land sind. Sie geben an, sich „sicher, wie in Abrahams Schoß" zu fühlen.

Israel ist also keine Risiko-Destination. Das bestätigen zahlreiche Touristen, die das Land besucht haben, und das lässt sich auch an Statistiken ablesen. Dass viele Menschen dennoch Bedenken haben, dorthin zu fahren, ist aufgrund der Medienberichterstattung verständlich. Ich rate Menschen, die Ängste haben, sich bei Experten zu informieren. Eines ist klar: Absolute Sicherheit gibt es in Israel nicht. Aber die gibt es auch sonst nirgends auf der Welt. Mit einem Wort: Besuchen Sie Israel, das Land wird Sie in so vielfältiger Weise bereichern, faszinieren und Ihren Blick weiten.

WER IST DAS ÜBERHAUPT: EIN JUDE?

→

Die Antwort finden Sie auf Seite 40.

WELCHE ORTE SOLLTE MAN UNBEDINGT BESUCHEN?

DAS IST eine Frage des Anspruchs: Sind Sie ein lebensfroher Tourist, dann ist Tel Aviv mit seinen Restaurants, Bars und Clubs die erste Adresse. Als Pilger werden Sie möglichst viele heilige Stätten besuchen, als Kulturreisender Museen, Ausgrabungen oder auch die Oper in Tel Aviv. Als politisch Interessierter werden Sie möglicherweise Kibbuzim, den Golan oder das Westjordanland besuchen. Dann werden Sie die Mauer zwischen Israel und Palästina entlangwandern und in Betlehem Hunderte Graffiti sehen, die auf die Situation der Araber in den besetzten Gebieten aufmerksam machen. Darunter finden sich auch einige Arbeiten des britischen Streetart-Künstlers Banksy, dessen Identität noch immer ungeklärt ist. Wenn Sie Orte wie Nablus oder Ramallah besuchen, werden Sie dort hören, wie schwierig das Leben hinter der 2002 errichteten Mauer geworden ist. Aber kaum jemand wird Ihnen erzählen, dass sich durch den Mauerbau die Zahl der arabischen Selbstmordattentate in Israel erheblich reduziert hat.

Als jemand, der das Land seit 1977 mehrfach im Jahr als Journalist, Buchautor und Reiseleiter bereist, rate ich Ihnen: Versuchen Sie nicht, nur Ihre eigene politische oder religiöse Kultur wiederzufinden. Das ist ohnedies nur schwer möglich, denn die einzelnen historischen Stätten, deren Geschichte und die dazugehörigen Religionen sind eng miteinander verwoben. Einige Beispiele: Man kann den Felsendom, der an die Nachtreise des Propheten Mohammed erinnert (Sure 17), nur verstehen, wenn man weiß, dass sich im siebten Jahrhundert mit dem Judentum und dem Christentum bereits zwei monotheistische Religionen in der Stadt etabliert hatten, die der junge Islam überwinden wollte. Oder: Man kann in der Paternoster-Kirche am Ölberg die Anrede Gottes als „Vater unser" nur dann in ihrer ganzen Dimension wertschätzen, wenn man weiß, dass Juden aus Ehrfurcht den Namen Gottes nicht einmal aussprachen. Auch Betlehem ist nicht nur der Geburtsort Jesu, sondern auch jener von König David. Die direkte Abstammung Jesu aus dem Geschlecht Davids war wiederum die Voraussetzung dafür, dass er überhaupt der Messias sein konnte.

Es gilt, immer und überall überraschende Entdeckungen zu machen. Die Kuppel der in den 1960er-Jahren fertiggestellten katholischen Verkündigungskirche in Nazareth wurde beispielsweise nach jüdisch-kabbalistischen Grundsätzen errichtet. Das Land der Bibel ist also weder kulturell noch religiös eindimensional.

Zu den Orten, die man unbedingt gesehen haben muss, gehören die heiligsten Stätten der drei monotheistischen Religionen: die Westmauer (auch: Klagemauer), die Geburtskirche, die Grabeskirche und der Felsendom samt Al-Aqsa-Moschee. Die Westmauer ist Tag und Nacht zugänglich. Dort kann man auch – ausgenommen am Schabbat – immer fotografieren. Am besten besucht man diese westliche Begrenzungsmauer des herodianischen Tempels am Montag- oder Donnerstagvormittag, wenn 13-jährige Juden im Rahmen einer Bar Mitzwa ihre religiöse Großjährigkeit feiern. Sie können dort tolle Fotos machen.

Die islamischen Heiligtümer sind von Sonntag bis Donnerstag (meist zwischen 7 und 11 Uhr und 12.30 bis 13.30 Uhr) geöffnet. Das Betreten der Moscheen ist nach einer muslimischen Verordnung aus „Sicherheitsgründen" verboten. Der Felsendom mit seiner achteckigen Architektur, seiner vergoldeten Kuppel und seinen wunderbaren Fayence-Fliesen ist es aber wert, aus der Nähe betrachtet zu werden. Um überhaupt auf den Tempelplatz zu gelangen, muss man Sicherheitskontrollen über sich ergehen lassen, bei denen den Besuchern Bibeln oder Kreuze ebenso abgenommen werden wie Alkohol oder Computer-Tablets. Muslimische Wächter achten streng darauf, dass Frauen „züchtig" gekleidet sind.

Ein Tipp: Sollten Sie den Tempelplatz aus irgendwelchen Gründen nicht besuchen können, dann gehen Sie in das „Jewish Quarter Café" in der Tiferet Israel Straße im jüdischen Viertel, der Eingang befindet sich beim „Burnt House". Dort gehen Sie am besten in den ersten Stock des Selbstbedienungsrestaurants (ausgezeichnete Küche!). Von dort haben Sie einen wunderbaren Blick auf die Westmauer, die Moscheen und den Ölberg im Hintergrund.

Ein Tipp zur Grabeskirche: Suchen Sie diese in den späten Nachmittagsstunden auf. Dann sind bereits viele Touristen auf dem Weg zurück in ihre Hotels und Sie können auch die besondere Zeremonie verfolgen, wenn Wajeeh Nusseibeh, ein Moslem, die Tür der Grabeskirche nach einem vorgeschriebenen Ritual versperrt. Wenn Sie ein Frühaufsteher sind, dann lohnt sich der Besuch des Gotteshauses, in dem sechs Konfessionen beheimatet sind, an Sonntagen zwischen 5.30 und 8 Uhr. Dann erleben Sie die Kirche beinahe ohne Touristen und liturgisch belebt. Zeitgleich feiern die Griechen, die Franziskaner, auch die Armenier, die Kopten und die Syrer ihre heiligen Messen. Nur die orthodoxen Äthiopier leben und feiern abgesondert am Dach der Kirche. Auf jeden Fall erleben Sie am Heiligen Grab eine kirchliche Vielfalt, die ihre Einheit in Christus sucht. Kritiker sagen freilich, nirgends sei die Zerrissenheit der Christenheit so augenscheinlich wie gerade an diesem Ort.

Ins Programm jedes Israel-Reisenden gehört die Holocaust-Memorialstätte Yad Vashem. Gerade als Österreicher oder Deutscher ist es wichtig, diesen Ort der Erinnerung zu besuchen, um das heutige Israel mit seinen Sicherheitsbedürfnissen besser verstehen zu können. Es geht aber auch darum, anzuerkennen, dass die Shoa nicht nur ein Teil der jüdischen Geschichte, sondern sehr wohl auch einer der mitteleuropäischen ist. In Yad Vashem erfährt man, was in den Schulen hierzulande lange Zeit verschwiegen wurde: die Dimension und die Brutalität der Judenverfolgung. Man sollte das Museum, die „Allee der Gerechten", das Kindermemorial und die Halle mit der ewigen Flamme sehen. Auch ein Blick in die modern gestaltete Synagoge lohnt sich. Für Kinder unter 15 Jahren ist der Besuch allerdings nicht empfehlenswert.

Sehenswert ist das Israel-Museum in Jerusalem. Im Freigelände befindet sich ein Modell der Stadt zur Zeit Jesu im Maßstab 1:50. In der Nähe ist der „Schrein des Buches", in dem die Rollen von Qumran gezeigt werden. Dort bekommen Sie einen guten Einblick in das Leben der Essener-Gemeinde. Vorbei am Skulpturengarten – dort stehen Werke von Auguste Rodin – sollte man sich auch Zeit für das Hauptgebäude des Museums nehmen. Dort ist vor allem die archäologische Abteilung (Unterabteilung Zeitenwende) sehenswert. Schon die Präsentation der Exponate – ganz ohne Schutzglas fällt positiv auf. Dort sind der Sarkophag von Herodes dem Großen, Zöpfe und Sandalen eines Mädchens aus Masada und ein Ossuarium, das die Knochen von Joseph bar Kajaphas beinhaltet hat, ausgestellt. Kajaphas war der Hohepriester und jüdische Ankläger im Prozess gegen Jesus. Damit werden biblische Ereignisse unmittelbar erlebbar. Neben dem Ossuarium liegt ein 11,8 Zentimeter langer Nagel aus der Zeit Jesu. Er ist der einzige archäologische Beweis für Kreuzigung durch Annagelung. Wenn man vor diesem Exponat steht, kann man ermessen, welche Schmerzen Gekreuzigte bis zum Eintritt ihres Todes erlitten haben.

Reisen hat für viele Menschen auch mit Lebensfreude und Genuss zu tun. Deshalb empfehle ich Ihnen den Markt Mahane Yehuda in der jüdischen Neustadt (leicht mit der Straßenbahn erreichbar). Bei orientalischen Snacks und einem süffigen „Alexander"-Bier bekommen Sie den Kopf frei, sollten Ihnen die archäologischen, politischen und religiösen Informationen zu viel geworden sein. Mahane Yehuda ist ein Ort, an dem man in das Alltagsleben der Israelis eintauchen kann.

Fahren Sie auch ans Tote Meer, das Gefühl der Schwerelosigkeit im Wasser ist einzigartig. Bedenken Sie: „Wildes" Baden ist zwar nicht verboten, sie werden es aber bitter bereuen, wenn Sie sich nach dem Bad im Salzwasser (ca. 32 Prozent Salzgehalt) nicht mit Süßwasser duschen können. Zudem sei vor Spaziergängen in „closed areas" gewarnt. Es könnte sich unter Ihren Füßen ein „sink hole" auftun, eine mehrere Meter tiefe Erdhöhle, die nur oberflächlich von Erde bedeckt ist. Völlig ungefährlich und wunderschön ist hingegen der Besuch des Nationalparks von Ein Gedi. Dort können Sie auf gesicherten Pfaden durch die Judäische Wüste wandern. Dabei werden Sie überrascht sein, wenn Sie inmitten der kahlen Landschaft Wasserfälle sehen, in deren Nähe sich fast immer Klippdachse – ähnlich unseren Murmeltieren – tummeln. Mit ein wenig Glück sieht man auch Steinböcke.

Wer religiös interessiert ist, sollte am See Gennesaret die christlichen heiligen Stätten besuchen: die aus byzantinischer Zeit stammenden Mosaike von Tabgha, die an die Speisung der 4000 beziehungsweise 5000 Menschen erinnern, Kapernaum, das Zentrum jesuanischen Wirkens, und die Kirche auf dem Berg der Seligpreisungen, die inmitten einer wunderbar gepflegten Gartenanlage liegt. Neben den historischen Stätten sollte man sich auch noch für die Landschaft und die Natur Zeit nehmen. Es empfiehlt sich ein leichter 20-minütiger Spaziergang von den Seligpreisungen hinunter zum See. Dabei kann man ein Gespür dafür entwickeln, wie die Menschen vor 2000 Jahren gelebt haben. Um sich in die Zeit Jesu zurückzuversetzen, ist es zudem hilfreich, Texte aus dem Neuen

Testament zu lesen. Gleichnisse wie jenes vom Senfkorn, das in die Erde fällt und tausendfache Frucht bringt, oder jenes vom Schaf, das verloren geht, oder jenes vom Sturm am See ermöglichen es Ihnen, sich der faszinierenden Person Jesus von Nazareth anzunähern.

Ein Ort, der besonders für Österreicher von Bedeutung ist, ist die Küstenstadt Akko, die zum UNESCO-Weltkulturerbe zählt. Der Legende nach sollen hier während des Dritten Kreuzzugs die Nationalfarben Rot-Weiß-Rot entstanden sein. Auch wenn das historisch nicht belegt ist, so ist Akko als die schönste und besterhaltene Kreuzfahrerstadt des gesamten Orients doch einen Besuch wert.

Wenn Sie an Bauhaus-Architektur interessiert sind, dann sind Sie in Tel Aviv richtig. Tel Aviv, „Hügel des Frühlings", ist eine pulsierende Großstadt, die an London oder Frankfurt erinnert. Es gibt nicht viel zu besichtigen, dafür umso mehr zu erleben, bevorzugt in der Nacht von Donnerstag auf Freitag. Sie können am frühen Abend bei einem Bummel durch das pittoreske Jaffa am Hafen einen Aperitif zu sich nehmen, dann in einem der ausgezeichneten, aber auch hochpreisigen Restaurants ein Abendessen genießen und sich schließlich bis in den Morgen in diversen Bars und Clubs vergnügen. Vorausgesetzt, man kann sich das leisten.

SPRECHEN SIE JIDDISCH, HEBRÄISCH ODER ARABISCH?

NEIN? DOCH! Sie werden sich wundern, wie viele Ausdrücke und Redewendungen Ihnen vertraut sind. Wie gut Ihr Hebräisch beziehungsweise Jiddisch ist, zeigt Ihnen folgender Text:

In einem **Beisl** treffen sich zwei **ausgekochte** Typen. Über dem einen schwebt der **Pleitegeier** und er ist schon ziemlich **geschlaucht**, weil seine **Mischpoche** (Verwandtschaft) den **Kies** (Geld), den sie ihm vorgestreckt hat, wiederhaben will. Deswegen macht diese auch einen ziemlichen **Pahöll** (Aufregung):

*Der Onkel habe mit ihm sogar schon **Tacheles** geredet – es sei alles ein einziges **Tohuwabohu**. Und das mit dem **Malochen** (Arbeiten) sei nicht so seins, er überlege vielmehr, mit seiner **Schickse** abzuhauen.*

*Worauf sein Freund sagt: „**Red net so einen Kohl**. Ich habe ein paar **Ezzes** (Ratschläge) für dich: Da gibt es in einem **Kaff**, gar nicht weit von hier, einen sehr betuchten **Haberer**. Man muss aufpassen, denn er ist ein bisserl **meschugge** (verrückt) – aber bei dem **machst einen Bruch** (Einbruch) und ich stehe dir **Schmiere**. Mit einem bisserl einem **Massel** (Glück) kannst du einen richtig guten **Reibach** (Gewinn, Beute) machen. Dann ist deine **Saure-Gurken-Zeit** vorbei. **Halleluja**, ich wünsch Dir **Hals- und Beinbruch**. Pass aber auf, sonst geht's für uns beide in den **Knast**. Und das wäre nicht so **dufte**.*

Zunächst waren es die Beschäftigung mit den Texten der Bibel, die zahlreiche Termini aus dem Hebräischen über das Lateinische ins Deutsche einfließen ließ. Dazu gehören Ausdrücke wie **Amen**, **Halleluja**, **Hosanna**, **Jubel**, aber auch **Messias**. Durch die Juden, die im Mittelalter in ihrer Alltäglichkeit nicht mehr das „heilige Hebräisch", sondern Jiddisch sprachen, kam es schließlich zu einer deutlichen Beeinflussung des Deutschen. Die jiddische Misch-sprache aus dem Mittelhochdeutschen, dem Hebräischen und dem Slawischen entwickelte sich nach 1350 in Osteuropa. Dorthin waren viele Juden geflohen, nachdem sie in Westeuropa beschuldigt wor-den waren, mit der Pest die christliche Bevölkerung ausrotten zu wollen. Die einzige Gruppe in Israel, die bis heute kein Neuhebräisch spricht, sondern immer noch „jiddelt", sind die aschkenasischen Juden aus Osteuropa. Sie halten an dem Jiddischen ihrer Vorväter, das sie allerdings in hebräischen Buchstaben schreiben, fest.

Den meisten Reisenden sind einige Ausdrücke aus dem Jiddischen vertraut. Dass auch viele Lehnwörter aus dem Arabischen stammen, erstaunt sie aber sehr. Diese sind vor allem durch die Kreuzfahrer ins Deutsche übernommen worden. Aber schon früher hatte es durch die Eroberung Spaniens (711) und Siziliens (827) eine Beeinflussung der europäischen Sprachen durch das Arabi-sche gegeben. Am folgenden Textbeispiel wird ersichtlich, wie viele Wörter aus dem Arabischen entlehnt wurden.

*Ahmed war ein einfacher Seemann, aber er legte Wert darauf, immer gut gekleidet zu sein. Seine blaue **Jacke** war leicht mit **Watte** gefüttert, seine **Mütze** saß perfekt. So, wie er sich präsentierte, hätte man meinen können, er sei ein **Admiral**. Tatsächlich aber war er ein armer Schlucker, der sich in den Häfen mit den Touristen ein Zubrot verdiente, wenn sie ihn baten, sich vor einem **Kamel** zu präsentieren. Dann zückten sie ihre **Kameras**. Zwischen Ahmet und den Touristen stimmte einfach die **Chemie**. In ihm sahen sie den typischen Vertreter der arabischen **Rasse**. Er mochte die Fremden auch, auch wenn er als frommer **Muslim** nicht verstehen konnte, dass sie immer **Alkohol** tranken. Für das Trinkgeld kaufte er sich dann einen **Kaffee**, den er mit viel **Zucker** süßte. Dazu kaute er Weißbrot mit **Sesam** und wenn er besonders gut gelaunt war, verzauberte er die Welt – „**Simsalabim**" – mit seiner **Gitarre**. Abends ging er zurück an Bord und holte sich sein Essen. Nicht selten gab es **Spinat**. Danach legte sich Ahmed müde auf seine **Matraze** und träumte davon, ein Admiral zu sein.*

Kulturaustausch ist selten eine Einbahnstraße und so ist es auch nicht verwunderlich, dass sich über 300 deutsche Termini im Hebräischen finden. Dafür gibt es zwei Gründe: Viele Wörter drangen in den letzten Jahrhunderten vom Deutschen über das Jiddische ins Hebräische ein. Technische Vokabeln wie **Kupplung** oder **Kugellager** kamen durch die deutschen Juden am Beginn des 20. Jahrhunderts dazu. Deutsch war zu dieser Zeit als Wissenschaftssprache so dominant, dass die Gründungsväter der ersten Hochschule für Juden in Palästina, dem „Technion" in Haifa, 1913 beschlossen, es als Unterrichtssprache zu verwenden. Der Konflikt zwischen den germanophilen Professoren auf der einen Seite und den zionistischen Studenten und ihren Geldgebern auf der anderen Seite war vorprogrammiert. Er konnte nur mithilfe der osmanischen Polizei geschlichtet werden.

Zu diesem Zeitpunkt war Neuhebräisch oder Ivrit, wie man das vom weißrussischen Zionisten Eliezar Ben-Jehuda (1858–1922) reaktivierte biblische Hebräisch nannte, noch nicht so weit entwickelt, dass es für Spezialgebiete, wie jenes der Technik, Ausdrücke hätte anbieten können. So setzten sich die bautechnischen Begriffe **Spachtel** oder der **Spritz** im Neuhebräischen bis heute durch.

Ben-Jehudas Verdienst war es, das seit der Zeit um 200 nach Christus nur mehr als Sakralsprache verwendete Hebräisch wieder zu einer lebendigen Alltagssprache zu machen. Diese sollte die Kommunikationsbasis für das Zusammenleben aller Juden aus aller Welt im Land werden. Und das wurde sie auch. Und wer es nicht lernte, lebte höchst gefährlich. Bis heute erzählt man die Geschichte, dass ein Neueinwanderer, der nicht Ivrit konnte, im Unabhängigkeitskrieg Israels 1948 den Befehl seines Vorgesetzten nicht verstand und, statt in den Schützengraben zu springen, aufrecht stehen blieb. Er wurde vom Feind erschossen.

Um die Leistung Ben-Jehudas zu würdigen, stelle man sich vor, das Latein eines Cäsar, Sallust oder Ovid würde heute wiederbelebt und wir müssten „ein Wienerschnitzel mit Erdäpfelsalat und dazu einen leichten Sommerspritzer" in lateinischer Sprache bestellen.

Ganz leicht war es freilich auch für Ben-Jehuda nicht. Man erzählt sich, dass er seine Kinder in seiner Jerusalemer Wohnung eingesperrt habe, wo sie alles hatten: Spielzeug, einen Hund, eine Katze und auch sonst alles, was sich Kinder wünschen. Zwei Dinge hat er ihnen strengstens verboten: das Haus zu verlassen und mit anderen Kindern in einer anderen Sprache als Neuhebräisch zu sprechen. Im Haus Ben-Jehudas wurde nämlich nur Ivrit gesprochen. Als seine Frau Hemda sich in der neuen Sprache nicht ausdrücken konnte und sich darüber auf Russisch beschwerte, soll Ben-Jehuda gesagt haben: „Wenn Du schon nicht Ivrit sprechen kannst, dann schweig wenigstens in Ivrit!"

Neben der Reaktivierung der Sprache ist es Ben-Jehudas Verdienst, dass er kurz vor seinem Tod Sir Herbert Samuel, den britischen Hochkommissar über Palästina, überzeugen konnte, Ivrit neben dem Arabischen und Englischen als dritte Amtssprache im Land einzuführen. Dies war ein wichtiger Meilenstein für die noch kleine jüdische Gemeinde in Palästina. Die Sprache bildet die

WIE VERLIEF DER PROZESS GEGEN JESUS?

→

Die Antwort finden
Sie auf Seite 172.

Klammer in einer heterogenen Nation von Einwanderern. Wie viel Deutsch im Hebräischen steckt, zeigt Ihnen das folgende Textbeispiel.

*Moischeles **Laitmotiv** war: Alles mit der Ruhe. Jetzt, wo ihn der **Hexenschuss** so plagte, wollte er sich von seinen beiden Baustellen, eine an der **Autobahn**, die andere in einem **Kindergarten**, ausruhen. Diesmal aber hatte er die **Schlafstunde** in seinem **Zimer** zu sehr ausgedehnt – das brachte ihn unter **Tzugzwang**. Dazu hatte er es sich auch nicht nehmen lassen, noch einen **Schluck** Kaffee und einen **Biss** von seinem Jausenbrot zu nehmen. Zu allem Überfluss kam auch noch, dass bei dem starken Regen der **Winker** und auch der **Wischer** seines Autos nicht richtig funktionierten. Weil er so wenig sah, fuhr er über einen Randstein und hatte nun einen **Platfus**. Als er ausstieg, um diesen zu beheben, verstand er, dass dieser Tag wahrlich schwierig war. Denn der **Ritsh-Ratsh** an seiner Jacke klemmte auch noch und er war völlig durchnässt, bis er den Reifen gewechselt hatte. Seine **Tsaitnot** war mittlerweile ziemlich groß. Als er endlich an der Baustelle ankam, war der **Aisenbeton** schon längst geliefert – sein Chef hatte ihn übernommen. Der schrie verärgert: „Sie haben kein **Talent**, etwas zu organisieren. Das Beste, was sie machen können, sind **Luftgeschäfte**.“ Diese Worte trafen Moischele sehr. Um den Tag wenigstens irgendwie gut zu beenden, ging der **Fainschmecker** am Abend in ein Restaurant und bestellte seine Lieblingsspeise: **gefilten Fisch**. Zum Abschluss nahm er noch einen **Leck** vom Eis.*

Ich hoffe, Sie sind jetzt davon überzeugt, dass auch Sie ein wenig „jiddeln“ und Hebräisch und Arabisch sprechen. Israel ist mit seinen Einwanderern aus über 100 Staaten ein polyglottes Land. Dort wird von vielen Menschen auch Deutsch gesprochen. Es ist gefährlich zu glauben, man werde in Israel nicht verstanden, wenn man Deutsch spricht. Die folgende Begebenheit soll Ihnen dies verdeutlichen.

Zwei österreichische Studenten fuhren in Jerusalem mit dem öffentlichen Bus. Sie hatten keinen Sitzplatz, als dem einen eine ziemlich dicke Dame auffiel. Er sagte zu seinem Freund: „Wenn die dicke Kuh aufsteht, können wir uns beide niedersetzen." An der nächsten Station stieg die Frau aus. Beim Verlassen des Busses wandte sie sich den beiden zu und sagte: „Muh!"

WAS MACHT JERUSALEM SO HEILIG, SO SCHWIERIG, SO EINZIGARTIG?

DREI JAHRE war Yoram bei der Armee, zuletzt diente er als Panzerkommandant. Danach hatte er das Bedürfnis nach Distanz und Veränderung. Er zog nach Südamerika. Ein Jahr lang fuhr er als Rucksacktourist von einem Land ins nächste. In Bolivien konnte er schließlich seinen während eines Panzereinsatzes geborenen Traum umsetzen. Er wollte möglichst tief in möglichst unberührte Regionen des Dschungels vordringen. Drei Tage lang war er mit einem Bootsführer unterwegs, ehe er in das allerletzte an einem Seitenfluss des Rio Grande gelegene Dorf kam. Dort gab es keinen zivilisatorischen Druck, die Tage wurden einzig vom Aufgang und Untergang der Sonne bestimmt. Kinder spielten mit ihm, vertrauensvoll näherten sich auch die Erwachsenen. Yoram fand hier jene Ruhe, nach der er sich im engen, lauten, überhitzten Panzer oft gesehnt hatte.

Die Ureinwohner waren neugierig, woher der Fremde wohl stamme. Mit seiner Antwort „aus Israel" konnten sie nichts anfangen. Nicht mit der Namensnennung, nicht mit der geografischen Lagebeschreibung. Als die Zeit des Abschieds näherkam, bedankte sich Yoram bei seinen neu gewonnen Freunden mit einigen nur wenige Zentimeter großen Kreuzen aus Olivenholz, auf deren Querbalken „Jerusalem" aufgedruckt war. Es folgte, zu seiner großen Überraschung, eine Explosion der Gefühle. Männer wie Frauen umarmten ihn, sie küssten ihn, sie luden ihn ein – nein, sie zwangen ihn – noch ein paar Tage zu bleiben. Einen Mann aus Jerusalem lässt man eben nicht so leicht ziehen.

Diese Episode beweist: Jerusalem ist mehr als nur eine Adresse – es ist eine Chiffre. Eine Chiffre für das Göttliche in dieser Welt, für Reinheit, Schönheit und für den „wahren Glauben". Aber auch für Aberglauben, für Bigotterie, für zerstörerischen Fundamentalismus. Jerusalem ist eine beliebte Adresse für alle Sehnsüchte, die Menschen bewegen, und für die Beschwernisse des Lebens, die sie hier hoffen, abladen zu können. Pilger aller drei monotheistischen Religionen kommen, um an ihren jeweiligen heiligen Stätten zu beten. Nicht selten haben sie auch noch die Bitten und Gebetswünsche jener im Gepäck, die zu Hause geblieben sind: „Zünde für mich am Heiligen Grab eine Kerze an!", „Steck einen Zettel in die Ritzen der Westmauer!" Flehentliche Bitten, die davon ausgehen, dass ein Gebet in Jerusalem von Gott eher erhört werde als anderswo. Säkulare Israelis witzeln: „Jedes Gebet in Jerusalem ist ein Ortsgespräch mit Gott."

Als Beobachter kann man sich freilich nie ganz sicher sein, ob der Enthusiasmus der irdischen Stadt oder nicht doch dem himmlischen Jerusalem gilt. Diese Frage stellt sich bei Christen und auch bei Juden. Christen, vor allem jene, deren Glaubenswelt stark von Emotionen bestimmt ist, meinen, Jesus in den verwinkelten Gassen der Stadt auch heute noch spüren zu können. Sie fühlen sich ihm im Leiden verbunden, wenn sie mit einem Holzkreuz, das sie sich bei den Franziskanern an der Geißelungskapelle ausleihen, die 14 Stationen der Via Dolorosa durchbeten. Dass sie sich dabei ununterbrochen die

Aufdringlichkeit der arabischen Händler – „See my shop – half price!"
– gefallen lassen müssen, kann ihre Besinnung nicht stören. Religion
ist eben auch in Jerusalem ein Geschäft – eines bis zur Unerträglich-
keit, wenn am Straßenrand etwa Dornenkronen feilgeboten werden.
Pilger, die ihren Kreuzweg zu einem wahrhaft religiösen Erlebnis machen wollen, meditieren deshalb in den frühen Morgenstunden den
Leidensweg Jesu. Da haben die Geschäfte noch geschlossen.

Die Frage „Irdisches oder himmlisches Jerusalem?" ist auch
bei Juden nicht klar zu unterscheiden. Oft genug suchen sie in ihren
letzten Lebenstagen die Stadt auf, um dort begraben zu sein, wo
die Ankunft des Messias prophezeit wird. Das war vor 2000 Jahren
schon so und so ist es auch heute noch. Jene Juden, die sich diese
letzte Reise nicht mehr organisieren konnten, sei es, dass sie zu früh
gestorben sind, sei es, dass sie nicht das nötige Geld aufbringen
konnten, setzte man in manchen Gegenden Europas mit einem
Ast in der Hand bei. Sie sollten sich unterirdisch ihren Weg nach
Jerusalem graben können, um dabei zu sein, wenn der Messias in
sein Horn stößt. Jerusalem, Endstation Sehnsucht.

Eine der großen Ideen, die mit dieser Stadt verbunden ist, ist
die Vorstellung von der Ankunft des Messias. Mehrere Propheten
sprechen davon, dass er am Tag des Jüngsten Gerichts mit der
Morgensonne erscheinen werde. Ob es der jüdische Messias sein
wird oder der wiederkommende Christus, wer weiß? Wir werden
es erwarten müssen. Auf jeden Fall wird sein Auftritt gewaltig sein,
wie der Prophet Sacharja (14,3) schreibt: „Doch dann wird der Herr
hinausziehen und gegen diese Völker kämpfen wie am Tag seines
Kämpfens, am Tag der Schlacht. Seine Füße werden an jenem Tag
auf dem Ölberg stehen, der im Osten gegenüber von Jerusalem
liegt. Der Ölberg wird sich von seiner Mitte her spalten nach Osten
und Westen zu einem großen Tal." Zu diesem Ereignis des letzten
irdischen Tages, dieser apokalyptischen Schlacht des Guten gegen
das Böse, werde nach Auffassung mancher Muslime die Kaaba aus
Mekka nach Jerusalem kommen und auch die Gebeine Mohammeds
würden auf wundersame Weise erscheinen.

Jerusalem wird damit auch im Islam zu jenem Ort, an dem sich die Weltgeschichte vollendet. Sie endet, wo sie begonnen hat. Denn der Felsen, der im Zentrum des Felsendoms liegt, ist nach islamischer Auffassung der Grundstein der Welt. In fernen oder auch nahen Tagen wird er zu deren Schlussstein werden.

An diesem letzten Tag wird Gott die Menschen von den Toten auferstehen lassen, wie Ezechiel (37,12) schreibt: „Siehe, ich öffne eure Gräber und hole euch, mein Volk, aus euren Gräbern herauf." Um als Erste dabei zu sein, wenn der letzte Tag des Gerichts anbricht, lassen sich Juden seit Jahrhunderten am Westabhang des Ölbergs bestatten. Das ist die allererste Adresse für einen Grabplatz in der Heiligen Stadt. Man hat einen Blick auf die Altstadt und die goldene Kuppel des Felsendoms und man hat die Verheißung, in der ersten Reihe zu stehen, wenn der herbeigesehnte Erlöser endlich erscheint. So eine prominente Adresse kostet freilich viel Geld: 50.000 Dollar und mehr zahlt man für ein Grab. Viele Plätze sind nicht mehr frei. Es gilt sich zu beeilen, denn die Preise werden noch steigen.

Eine Dame der feinen Londoner Gesellschaft wollte in den 1920er-Jahren auf den Messias nicht länger warten. Täglich zog sie am Nachmittag mit einem Esel und dessen Besitzer – feinstes Geschirr aus Silber und dünnwandiges Porzellan in den Sattel-taschen – auf den Ölberg. Sie wollte der erste Mensch sein, mit dem der Messias seinen Fünfuhrtee schlürft. Gekommen ist er trotz der vornehm-gastlichen Einladung nicht, wie wir wissen.

Manche Menschen werden unter dem Eindruck der Heiligkeit Jerusalems „meschugge", verrückt. Psychologen sprechen vom „Jeru-salem-Syndrom", einer Erkrankung, bei deren Verlauf die Betroffe-nen oft neue Identitäten annehmen. Christen sehen sich plötzlich als Jesus oder Maria, Juden als König David oder als Mutter Lea oder Rachel. Gefährlich sind diese Menschen im Allgemeinen nicht, denn sie heilen nicht, errichten auch das davidische Großreich nicht wieder, sondern sie genügen sich selbst. „I am Jesus, praise the Lord, five Dollar, please", rief ein US-Amerikaner am Jaffa-Tor, während er sich entkleidete. Noch trug er seine Unterwäsche, als eine Polizeistreife vorfuhr, ihn in eine Decke hüllte und ihn abführte. Wir Zuseher waren alle befremdet, zugleich aber auch amüsiert.

In ihrer Ichbezogenheit lassen sich diese Menschen ganz gerne fotografieren und nehmen auch ganz gerne ein paar Dollar dafür. Meist findet der Spuk ein rasches Ende, denn sie werden in eine psychiatrische Klinik eingeliefert, dort medikamentös ruhiggestellt und am Tag darauf wieder nach Hause geschickt. Zu Hause in Oregon oder in Nancy sind sie plötzlich nicht mehr Jesus oder David, sondern diejenigen, die sie schon zuvor waren: Mr Smith oder Monsieur Lafontaine. Die Idee des Messias ist hochkonzentrierte Heiligkeit, die toxisch wird, sobald man zu viel von ihr bekommt. All diese Sehnsüchte und Projektionen sind der Heiligkeit der Stadt geschuldet. Juden, Christen und Muslime sind hier mit ihren Traditionen auf engstem Raum beheimatet. In der Altstadt, die kaum einen Quadratkilometer groß ist, sind Westmauer, Felsendom, Al-Aqsa-Moschee, Via Dolorosa und Grabeskirche räumlich dicht gedrängt. Damit ist die Stadt die spirituelle Heimat der beinahe halben Menschheit. Mit solch einem Superlativ kann keine andere Stadt dieser Welt aufwarten.

Geschichtsfälschung gehört ebenfalls zu dieser Stadt. Ein Wächter am Felsendom, der streng darüber wachte, dass kein Mann seine Frau berührt, erklärte mir bei einem meiner Besuche auf dem Tempelplatz, dass der Prophet Mohammed hierhergekommen sei, weil hier die „kürzeste Verbindung zwischen Erde und Himmel" bestehe. Zu Zeiten des Propheten sei an diesem Ort „nichts außer dem nackten Felsen" gewesen. Die Tatsache, dass der Felsendom am Ort des jüdischen Tempels errichtet wurde, verschwieg er. Wissentlich oder unwissentlich?

Natürlich gehören zu den religiösen Wahrheiten, die keineswegs den historischen Wahrheiten entsprechen müssen, auch zahlreiche Legenden. Wie jene vom Nabel der Welt im griechischorthodoxen Katholikon der Grabeskirche. Dieser Nabel wird meist nicht als solcher erkannt, sieht er doch aus wie ein mit einem Kreuz versehener Laib Brot. Griechisch-orthodoxe Christen wissen allerdings um die Bedeutung dieses Steins: Ursprünglich sei dieser Nabel riesig gewesen. Durch die Berührung vieler Gläubiger greife er sich langsam ab und werde immer kleiner. Und wenn er einmal ganz verschwunden sein wird, erscheint der Messias. Dies erklärte mir eine Pilgerin aus Athen. Trotz der hohen Besucherfrequenz in der Grabeskirche sei tröstlich vermerkt: Das wird wohl noch einige Generationen dauern.

Die Vorstellung von Jerusalem als dem Nabel der Welt findet sich bis ins späte Mittelalter in einzelnen Weltkarten. Am oberen Rand der Karte sieht man Jesus, der vom Osten mit der aufgehenden Sonne als der verheißene Messias erscheint. Unten, im Westen, stehen die Säulen des Herkules, der über die Meerenge von Gibraltar den Schriftzug spannt: „Non plus ultra", „Nicht darüber hinaus". Das war als Warnung für die Seeleute gedacht, als man noch glaubte, die Welt sei eine Scheibe. Als Amerika 1492 entdeckt wurde, strich man die Verneinung weg und machte daraus den ermutigenden Aufruf: „Plus ultra", „Darüber hinaus". Dieser Schriftzug findet sich heute noch in der spanische Flagge. In der Mitte der Welt war Jerusalem.

Auch die Juden verorten den Nabel der Welt in Jerusalem. Eine rabbinische Überlieferung sagt: „So wie der Nabel in der Mitte des Menschen ist, so befindet sich das Land Israel in der Mitte der Welt. Und so ist auch Jerusalem in der Mitte des Landes Israel, und das Heiligtum befindet sich in der Mitte Jerusalems, und der Tempel in der Mitte des Heiligtums, und die Bundeslade mit den Gesetzestafeln in der Mitte des Tempels, und vom Grundstein vor dieser Lade ging die Gründung der ganzen Welt aus."

Jerusalem ist eine Stadt, die kaum einen Besucher unberührt lässt. Viele sind völlig hingerissen, nur wenige lehnen sie kategorisch ab. Die wechselhafte Geschichte, die wetteifernden, aber zugleich reiche Traditionen bewahrenden Religionen, die großen Ideen und die nicht minder großen Trugschlüsse machen es allerdings schwer, die Stadt zu begreifen. Der Versuch von Reiseleitern, mit mehr Information Klarheit zu schaffen, schlägt oft fehl. Diese trägt eher zur Verwirrung der Besucher bei. Eine 3000-jährige Geschichte, die man auf engstem Raum sehen kann, sowie das Nebeneinander von drei

Religionen, die in sich wiederum getrennt und oft genug zerstritten sind, kennt man in Europa nicht. Das fasziniert, aber es verunsichert auch. Viele Reisende kapitulieren beim Versuch, während eines kurzen Aufenthaltes diese Stadt zu verstehen, die 17-mal zerstört und noch viel öfter erobert wurde. Sie begeben sich deshalb lieber auf eine emotionale Ebene. Es berührt sie, wenn sie den Muezzin hören, dessen Stimme von den Glocken der Grabeskirche übertönt wird. Sie sind begeistert, wenn sie einen orthodoxen Juden sehen, der sich mit seinen Kindern am Weg zur Westmauer zwischen den am Boden sitzenden arabischen Frauen durchdrängt, die intensiv duftende Minze verkaufen. Es ekelt sie, wenn sie Schafsköpfe an Haken an der Straße baumeln sehen und sie sind betroffen, wenn sie am Damaskus-Tor Bettlern begegnen. Selbst die Verunsicherung nach jedem Einkauf im Bazar, ob sie für die Holzkrippe oder das Stoffkamel womöglich doch zu viel bezahlt haben, gehört zu den emotionalen Augenblicken. Es sind viele intensive Eindrücke, die in Erinnerung bleiben. Der nachhaltigste ist aber für beinahe jeden Reisenden der erste Blick vom Ölberg auf die Stadt. Sie liegt zu Füßen des Besuchers, die Sonne spiegelt sich in der Kuppel des Felsendoms. Sie sieht so friedlich aus, auch wenn man weiß, dass dieser Schein trügt.

Jerusalem ist für geistig eng geführte Gläubige aller Religionen eine leicht zu bereisende Adresse, denn sie wollen ohnehin nur sehen, was sie schon vor Beginn der Reise erwartet haben: die heiligen Stätten ihrer Religion. Für Reisende, die ein kulturelles Interesse über ihre Konfession hinaus haben, ist es wohl eine äußerst schwierige Destination. Sie werden bereichert und zugleich irritiert sein von der Glaubenstiefe, der Vielfalt aber auch der Widersprüchlichkeit der Stadt. Sie müssen sich entscheiden, ob sie es mit Aldous Huxley halten, der von Jerusalem als einem „Schlachthaus der Religionen" sprach, oder ob sie Simon Sebag Montefiore zustimmen, dem Verfasser einer „Biografie" über Jerusalem. Er kommt in seinem Buch zum Schluss, dass Jerusalem eine „tragende Säule der Weltgeschichte" sei.

◆◇

WER IST DAS ÜBERHAUPT: EIN JUDE?

DIE FRAGE ist ganz einfach zu beantworten: Das weiß niemand. Nicht einmal in Israel, das sich als der Staat der Juden definiert, ist man sich darüber im Klaren. Nur die Antisemiten haben es sich immer schon leicht gemacht. So meinte Wiens legendärer Bürgermeister Karl Lueger (von 1897 bis 1910): „Wer ein Jud is, das bestimm ich!" Und andere Judenhasser glaubten, Juden am Geruch oder an der Nase erkennen zu können. Alle schienen es zu wissen, nur die Juden selbst nicht.

Die bis in die 1960er-Jahre gültige Definition lautete: Jude ist, wer von einer jüdischen Mutter geboren oder vor einem orthodoxen Rabbiner zum Judentum übergetreten ist. Die Konversionen fallen dabei kaum ins Gewicht und machen weltweit nur rund ein Prozent aus.

Der Umstand, dass die Mutter – und nicht wie in den meisten anderen Kulturen der Vater – für die religiöse Zugehörigkeit eines Kindes zuständig ist, zeigt die praktische Denkweise im Judentum. Denn „mater certus, pater semper incertus est" sagt der Lateiner, der damit ausdrückt: Wer die Mutter eines Kindes ist, ist immer sicher; wer der Vater ist, hingegen nicht. Diese Definition nach der Mutter trägt aber auch noch die Komponente einer sozialen Verantwortung für die Frauen in sich. Wird eine Frau nach einer Vergewaltigung schwanger, dann wird diese häufig – und das nicht nur im Orient – aus der Gemeinschaft ausgestoßen und bleibt schutzlos zurück. Im Judentum hingegen verbleibt sie mit ihrem Kind im Schutzbereich der Familie und damit auch im Volk. Was der Ausschluss aus einer Gesellschaft bedeutet, in der die Familie – und nicht ein säkularer Staat – das soziale Netz bildet, kann man sich vorstellen.

Die Bedeutungslosigkeit des Mannes in dieser Frage verkehrt sich in den letzten Jahrzehnten allerdings gegen das Judentum: Viele Juden in den USA, die nur eine geringe Bindung an ihre Herkunft und Religion haben, ehelichen auch Nichtjüdinnen, deren gemeinsame Kinder dann freilich keine Juden mehr sind. Das bedeutet für ein kleines Volk einen erheblichen Aderlass. Deswegen gibt es auch immer wieder Vorstöße von Politikern, auch jene Kinder als Juden anzuerkennen, bei denen nur die Väter, nicht aber die Mütter jüdisch sind. Aber bislang war diesen Bemühungen kein Erfolg beschieden – zu restriktiv denken die religiösen Parteien und die wichtigen Rabbiner des Landes.

Nach dem Schock der Shoa war es für den 1948 gegründeten Staat Israel ein zentrales Anliegen, Juden aus der ganzen Welt die Einwanderung zu ermöglichen und ihnen die Staatsbürgerschaft zu verleihen. Israel brauchte die Zuwanderer auch vor dem Hintergrund der Auseinandersetzung mit den arabischen Nachbarn und die heimatlosen Menschen aus dem Nachkriegseuropa nahmen die Einladung gerne an. In dieser Situation kümmerte man sich wenig um die Frage „Wer ist ein Jude?", die es zwischen Religionszugehörigkeit und Nationalität zu beantworten galt.

Es war ausgerechnet der 1922 in Polen geborene Jude Oswald Rufeisen, der den jungen Staat mit seiner Einwanderung im Jahre 1959 in Verlegenheit brachte. Rufeisen war nämlich vom Judentum zum Christentum konvertiert und Karmelitermönch geworden.

Dies veranlasste den Einwanderungsbeamten, ihn nicht mehr als Juden einzustufen. Und als solcher fiel Rufeisen nicht mehr unter das „Gesetz der Rückkehr", das jedem Juden weltweit die Möglichkeit der Einwanderung gewährt und damit auch automatisch die israelische Staatsbürgerschaft zugesteht. Rufeisen widersprach dieser Sichtweise, denn als geborener Jude habe er das Recht zur Immigration. Zudem hatte er den moralischen Bonus auf seiner Seite, denn er, der perfekt Polnisch, Deutsch und Russisch sprach, war unter den Nazis Dolmetsch und konnte so 1942 mehr als 300 Glaubensgenossen im Ghetto von Mir (Weißrussland) das Leben retten. Rufeisen verklagte den Staat Israel, was das Land in eine tiefe Staatskrise stürzte. Am Ende verlor er zwar den Prozess, aber er bekam die Staatsbürgerschaft dennoch verliehen. Und Israel ergänzte die ursprüngliche Definition (Jude ist, wer von einer jüdischen Mutter geboren wurde) um den Zusatz „und wer keiner anderen Religionsgemeinschaft angehört".

War Rufeisen, dessen Biografie von der russischen Literatin Ljudmila Ulitzkaja unter dem Titel „Daniel Stein" erschienen ist, noch ein Einzelfall, so sollte die Frage in den Jahren nach dem Zusammenbruch der UdSSR noch viel virulenter werden. Denn damals wanderten rund 1,4 Millionen Russen in Israel ein, von denen rund eine Million eine jüdische Mutter hatten. Etwa 350.000 Einwanderer hatten aber nur einen jüdischen Vater oder andere jüdische Vorfahren, was zur Einwanderung nach Israel zunächst ausreichte. Sie wurden, auch wenn sie keine Juden waren, Israelis, bekamen die Staatsbürgerschaft, zahlten Steuern und leisteten den Militärdienst ab. Sie waren Staatsbürger, denen nur eine Sache verwehrt blieb: zu heiraten. Das Standesregister liegt nämlich ausschließlich in den Händen der Rabbiner und diese können wiederum niemanden verheiraten, der nicht nach dem Religionsgesetz ein vollwertiger Jude ist. Und eine säkulare Eheschließung gibt es nicht. In Israel findet man aber aus jedem Schlamassel einen Ausweg: Man fährt nach Zypern oder auch nach Las Vegas, heiratet dort und lässt zu Hause seine Ehe anerkennen.

Die nicht geklärte Frage „Wer ist ein Jude?" hat neben der privaten Dimension auch noch politische Aspekte. Wenn es ein demokratischer Staat nicht schafft, den einzelnen Bürger zu definieren, dann kann er auch die Summe seiner Bürger nicht umschreiben. Das hat dazu geführt, dass der Judenstaat bis heute noch immer keine Verfassung hat, in der auch die Landesgrenzen definiert würden. Das wiederum lässt viele Araber befürchten, dass sich der Judenstaat im gesamten Gebiet zwischen Euphrat und Nil ausbreiten könnte. Indiz dafür sei die Flagge, die ober- und unterhalb des Davidsterns zwei blaue Linien zeigt. Araber sehen in diesen Linien die beiden Flüsse symbolisiert. Tatsächlich ist die Flagge aber dem jüdischen Gebetsschal, dem Tallit, nachempfunden.

WORÜBER LACHEN JUDEN, WENN SIE LACHEN?

EIN ALTER *Jude ist mit einer jungen, attraktiven Frau verheiratet, die ihn ständig betrügt. Shlomo, ein Freund des Betrogenen, will diesen darüber aufklären, worauf der Gehörnte sagt: „Es ist doch besser, mit 20 Prozent an einer guten Sache beteiligt zu sein, als mit 100 an einer scheußlichen."²*

Im Gegensatz zu den meisten Gesellschaften, deren Witz häufig darauf abzielt, andere zu verhöhnen, lachen Juden oft – und oft auch über sich selbst. Der Humor ist geistreich, hintergründig und voller Lebensweisheit. Der jüdische Witz diene weniger der Unterhaltung, als dass er eine Ventilfunktion ausübe, erklärt die Soziologin Salcia Landmann, der wir eine reiche Sammlung von Judenwitzen zu verdanken haben. Der jüdische Witz sei ein Kampf gegen die feindliche Umwelt, gegen die übermächtige eigene Tradition, ein Kampf gegen die schweren Bürden des Alltags und für mehr Freiheit. Thematisch kreisen die Witze um menschliche Schwächen, vermeintliche Eigenschaften wie Geiz und Geschäftssinn, das Ehe- und Sexualleben und vor allem die Religion. Auch wenn Juden die religiöse Praxis oft sehr ernst nehmen, so ist doch erlaubt, was in anderen Glaubensgemeinschaften streng verpönt ist: sich über Religionsgesetze, Inhalte des Glaubens und auch über Gläubige lustig zu machen.

Geht ein Jude in eine Fleischerei und sieht in der Vitrine eine saftige Schweinsstelze liegen. „Geb er mir ein Kilo von dem Fisch", sagt er zum Fleischhacker, der darauf antwortet: „Das ist kein Fisch, sondern eine Schweinsstelze." Darauf der Jude: „Hab ich ihn gefragt, wie der Fisch heißt? Geben soll er mir ein Kilo."

Warum sind Juden beschnitten? Weil Frauen lieber zu reduzierter Ware greifen.

Eine Frau läuft zum Rabbi, weil ihr Kind Durchfall hat. Dieser empfiehlt: „Sprich Tehillim!" (Bete die Psalmen!) Die Jüdin folgt dem Rat, das Kind wird gesund. Wenig später leidet es an Verstopfung. Wieder fragt die verzweifelte Mutter den Rabbi um Rat, der erneut empfiehlt: „Sprich Tehillim!" „Aber Rabbi", ruft die Frau entsetzt, „Tehillim stopfen doch!"

Die Tatsache, dass es bei vielen Religionsgesetzen auch eine raffinierte Form der Umgehung gibt, illustriert folgende Geschichte von zwei Rabbinern. Zu deren Verständnis muss man allerdings wissen, dass der Schabbat eintritt, wenn die ersten drei Sterne am Himmel erkennbar sind. Dann ist es nicht mehr erlaubt, weiter als bis zur Synagoge zu gehen.

Zwei Rabbinerschüler unterhalten sich, wessen Rabbi der bedeutendere sei. Moischele: „Stell dir vor, mein Rabbi und ich gehen an einem sonnigen Tag spazieren und erläutern die Tora. Plötzlich verdunkelt sich der Himmel, es fängt an zu regnen. Was macht mein Rabbi? Er breitet die

Hände aus, er segnet das Land und links ist Regen und rechts ist Regen und wir gehen trockenen Fußes in der Mitte hindurch." Darauf Shlomo: "Das ist gar nichts. Mein Rabbi und ich gehen an einem Freitag nach dem Mittagessen spazieren. Auch wir erläutern die Tora: Plötzlich wird es finster, die ersten Gestirne sind am Himmel erkennbar, es ist Schabbat. Was macht mein Rabbi? Er breitet seine Hände aus und segnet das Land. Und links war Schabbat und rechts war Schabbat und wir gehen in der Mitte durch."

Moses hat gerade am Berg Sinai die Zehn Gebote Gottes erhalten und wendet sich nun an sein Volk: "Ich habe eine gute und eine schlechte Nachricht für euch. Die gute ist, dass ich Gott auf zehn Gebote runterhandeln konnte. Die schlechte: Das sechste (Du sollst nicht ehebrechen) ist immer noch drin."

Juden betrachten auch andere Religionen kritisch:

Sitzen ein Rabbi und ein katholischer Priester bei einem Festessen zusammen. Beginnt der Pfarrer zu stänkern: "Wann werden Sie endlich Schweinefleisch essen, Rabbi?" Dieser antwortet: "Bei Ihrer Hochzeit, Hochwürden."

Eine eigene Kategorie stellen Witze über jene Juden dar, die zum Christentum übergetreten sind, um so ihre Herkunft zu verbergen. Heinrich Heine sprach vom Judentum als einer "angeborenen Krankheit", der man durch die Taufe entfliehen könne, um das "Eintrittsbillett in die europäische Zivilisation" zu lösen.

Shlomo steht vor der Taufe und weiß nicht so recht, was er anziehen soll. Er fragt einen christlichen Freund um Rat. Der antwortet: "Keine Ahnung. WIR tragen Windeln."

*Die Antwort finden
Sie auf Seite 101.*

WARUM IST DER PLATZ DES FELSENDOMS AUCH JUDEN HEILIG?

Im Krisenjahr 1929 gehen zwei Juden über die 5th Avenue in New York, wo sie ein Transparent über die Straße gespannt sehen: „Jeder Jude, der sich taufen lässt, bekommt 50 Dollar." Shlomo und Moischele überlegen nicht lange und beschließen, dass sich einer taufen lässt und dann mit dem anderen die 50 Dollar teilt. Nach 20 Minuten kommt Moischele aus der Kirche, die Pejes kleben vom Taufwasser noch an seinen Wangen, als Shlomo seinen Anteil einfordert. Moischele antwortet gereizt: „Das ist es, was wir Christen an euch Juden nicht mögen: das ewige Schnorren."

Das Thema Taufe macht auch vor dem lieben Gott nicht halt, vor dessen Richterthron ein kürzlich verstorbener, völlig zerknirschter Rabbi klagt:

„Stellen Sie sich vor, mein Sohn hat sich taufen lassen." Darauf der liebe Gott: „Na und?" „Meiner auch." Darauf der Rabbi: „Was haben Sie dann gemacht?" Gott: „Ein Neues Testament."

Eine Kategorie von Witzen widmet sich dem Thema Antisemitismus, den manche Juden immer und überall wittern.

Chaim, der gerade aus dem Funkhaus kommt, trifft seinen Freund Shmuel. Dieser fragt den stotternden Chaim, was er denn beim Radio gemacht habe. Chaim antwortet: „I-ch. I-ch ha-be mich um die Ste-lle ei-nes A-an-sa-gers be-worben." „Und, hast du den Job bekommen?" „N-ein, d-as si-nd al-les A-a-a-nti-se-miten."

New York, 1938: In der U-Bahn sitzen sich zwei gerade aus Deutschland eingewanderte Juden gegenüber. Grün liest die jüdische Zeitung „Forverts", Blau das NS-Hetzblatt „Der Stürmer". „Wieso lesen Sie dieses furchtbare Blatt?", fragt Grün. Darauf Blau: „Schauen Sie, was in Ihrer Zeitung steht. Überall sind die Juden Flüchtlinge, man verfolgt sie, wirft Bomben in ihre Synagogen. Da lese ich lieber die Nazi-Postille, denn die ist zuversichtlicher. Die schreibt, dass wir die Banken besitzen, auch Zeitungen und viele große Firmen. Wir beherrschen die Welt."

Jüdischer Humor ist oft auch bitter. So bitter, dass einem das Lachen im Hals stecken bleibt.

In einem osteuropäischen Städtchen verbreitet sich die Nachricht, dass ein Kind ermordet worden sei. Die entsetzten Juden packen ihre Sachen zusammen und bereiten sich auf die Flucht vor. Da kommt der Synagogendiener. Schreiend läuft er durchs Getto und verkündet: „Gute Nachricht: Das ermordete Kind war jüdisch."

Die Unterstellung, Juden würden christliche Kinder entführen und deren Blut zur Zubereitung ihrer ungesäuerten Pessach-Brote verwenden, hat in der Geschichte oft zu grausamen Judenverfolgungen geführt. Heinrich Heine beschreibt eine solche in seiner Erzählung „Der Rabbi von Bacharach". Somit ist die Nachricht, dass es sich bei dem toten Kind um ein Judenkind handelt, tatsächlich eine gute. Lächeln oder gar lachen kann man darüber freilich nur schwer. Schon Sigmund Freud meinte: „Der Witz ist die letzte Waffe der Wehrlosen."

Zahlreiche Witze zielen auf die Beziehung zwischen Eheleuten ab.

Sara, für den Abend in großer Garderobe, sagt zu ihrem Mann: „Moischele, du musst doch zugeben, hübsch bin ich noch immer, nicht?" Moischele: „Du hast recht, hübsch bist du noch immer nicht."

Eine Frau betrachtet sich im Spiegel und sagt mit Genugtuung: „Dieses Ekel gönne ich ihm!"

„Itzig, warum hast du dir eine so hässliche Frau genommen?" „Weißt du, sie ist innerlich schön." Darauf sein Freund: „Nu, lass sie wenden!"

Beliebt sind auch jene Witze, die Namensänderungen zum Inhalt haben. Viele sind allein schon wegen des jiddischen Sprachidioms unterhaltsam.

Treffen sich zwei Juden und stellen sich gegenseitig vor: „Angenehm, Eisenstein." Worauf der zweite antwortet: „Angenehm, Asch." Der erste: „Darf ich fragen, was sie gezahlt haben, um loszuwerden das R?"

Wien, wenige Tage nach dem Anschluss 1938. Adolf Stinkfuß geht zum Magistratsbeamten und bittet darum, seinen Namen ändern zu dürfen. Dieser zögert, willigt aber dann doch ein und fragt den Antragsteller, wie er künftig heißen möchte: „Moritz Stinkfuß", sagt dieser.

Oft erzählt ein Witz mehr über die Lebenswelt einer Gesellschaft als eine wissenschaftliche Abhandlung. Die Kombination aus allgemein gültiger menschlicher Erfahrung und spezieller Lebenssituation der Juden macht ihren Witz so einzigartig.

Ein Christ, ein Moslem und ein Jude unterhalten sich über der Frage, wann das menschliche Leben eigentlich beginne. Für den Christen ist es der Zeitpunkt, in dem Ei- und Samenzelle verschmelzen. Der Moslem meint, mit der Geburt. Der Jude sagt: „Das Leben beginnt, wenn die Kinder aus dem Haus sind und der Hund gestorben ist."

◆◇

SIND JUDEN INTELLIGENTER ALS NICHTJUDEN?

HÄUFIG, WENN ich auf die großen Leistungen des Staates Israel oder auch auf jene der Juden in der Geschichte verweise, wird dies mit „Kein Wunder – die sind doch intelligenter als wir!", kommentiert. Und jedes Mal beschleicht mich ein Unbehagen, denn nie kann ich mir sicher sein, ob dies ein Ausdruck der Wertschätzung und Bewunderung oder ein von Neid beseelter Ausdruck einer antijüdischen Gesinnung ist.

Betrachtet man die Vergabe der Nobelpreise seit dem Jahr 1901 als Gradmesser für die allgemeine Intelligenz eines Volkes, so ist die jüdische Überlegenheit offenkundig, denn etwa ein Drittel aller Preisträger waren beziehungsweise sind Juden. Exakter: Es waren bislang 15, die ihn für Literatur erhielten und neun, die sich für ihre Bemühungen um den Frieden in dieser Welt verdient machten. 35-mal ist die höchste Auszeichnung dieser Welt jüdischen Chemikern, 54-mal Physikern, 27-mal Wirtschaftswissenschaftlern und gar 57-mal Medizinern verliehen worden. Zum Vergleich: Bislang wurde der Preis erst elf Muslimen zuerkannt, dazu kommen noch zwei arabische Christen. Stellt man die Bevölkerungszahlen gegenüber, dann wird die Diskrepanz noch deutlicher. 1,6 Milliarden Muslime stehen gerade einmal 15 Millionen Juden gegenüber.

Die Zahlen sind unbestritten, deren Interpretation ist es nicht. Rechte, aber auch linke antisemitische Kreise im Westen, vor allem aber manche Muslime sehen darin eine biologische Überlegenheit der jüdischen Kultur, die es zu bekämpfen gilt. Diese ziele darauf ab, andere Völker zu unterjochen, auszubeuten, zu versklaven. Sie argumentieren vermutlich aus einem kulturellen Minderwertigkeitsgefühl heraus. Zum Vergleich: Seit dem Jahr 1901 gab es je einen muslimischen Preisträger in Chemie und Physik, zwei weitere im Bereich der Literatur und sieben für den Frieden.

Als ich den bekannten israelischen Historiker Yehuda Bauer fragte, ob Juden intelligenter seien als Nichtjuden, lachte er laut auf und antwortete kurz und entschlossen: „Nein, das sind sie nicht."[3] Die Ergebnisse der Intelligenzforschung würden das klar belegen, einzig das Wissen habe sich ganz anders entwickelt. Dessen Grundlage wiederum sei das Lernen. So habe es bei den Juden nie Analphabetismus gegeben, auch bei den Frauen nicht. Bauer: „Im Gegensatz zur christlichen Welt, wo der Priester Texte vorlas und das Volk nur vorformulierte Kurzantworten gab, haben im Judentum Männer und Frauen die Thora und die Gebetbücher immer selbst gelesen."[4] Es ist eine etwa 2500-jährige Lehrtradition, die auf das Deuteronomium (6,4 ff) zurückgeht, wo es heißt: „Du sollst deine Kinder belehren." Zumindest dreimal am Tag, wenn Juden das „Schma Israel, Adonai Eloheinum Adonai Echad", das „Höre Israel! Der Herr, unser Gott, der Herr ist einzig", erklären, sprechen sie auch davon, ihren Kinder Wissen zu vermitteln. Schon in der Zeit des babylonischen Exils begriff das Volk Israel, dass es nur überleben würde, wenn es seine Traditionen aufrechterhält. Die beste Methode, diese weiterzuführen, bestand darin, sie zu studieren und zu lehren.

Die Lehrtradition im Christentum ist wesentlich jünger. In Österreich geht sie auf den 6. Dezember 1774 zurück, als Maria Theresia für alle habsburgischen Länder die „Allgemeine Schulordnung für die deutschen Normal-, Haupt- und Trivialschulen" erließ. Wie wenig das Gesetz befolgt wurde, zeigt sich am Beispiel des 100 Jahre später geborenen steirischen Schriftstellers Peter Rosegger, dessen Werke immerhin in mehr als zwanzig Sprachen übersetzt wurden. Der zu seiner Zeit (1843–1918) hoch angesehene Literat war zwar sechs Jahre bei einem Wanderlehrer eingeschrieben, er besuchte den Unterricht aber nur gelegentlich, weil er am elterlichen Hof arbeiten musste.

Auf Rosegger, der geradezu privilegiert war, traf zu, was der Schriftsteller Amos Oz (1939–2018) und seine Tochter, die Historikerin Fania Oz-Salzberger, in dem Buch „Juden und Worte" beschreiben: „Während in anderen Kulturen die Buben der Obhut ihrer Mütter überlassen wurden, bis sie alt genug waren, einen Pflug zu ziehen oder ein Schwert zu schwingen, begann bei den Juden die Akkulturation der jungen Generation in die alte Überlieferung, sobald die Knirpse mit etwa zwei Jahren Wörter verstehen und nicht selten im Alter von drei Jahren auch lesen konnten. Der Unterricht begann, kurz gesagt, bald nach dem Abstillen."[5]

Die Knaben gingen ab dem dritten, spätestens ab dem fünften Jahr in den Cheder, wo ihnen der Lehrer die hebräische Schrift und Sprache an Hand von Bibeltexten beibrachte. Mit acht, neun Jahren, konnten die begabteren Buben bereits ganze Teile der Tora auswendig. Danach folgte die höhere Stufe, jene der Kommentierung der Bibel. Dabei wurden die Kinder in den Disziplinen Erinnern, Lernen und Disputieren unterrichtet. Die Begabteren setzten das Studium in einer Torahochschule, einer Yeshiwa, fort. Und das ist kein leichtes Studium, denn der Tag beginnt um 7.00 Uhr und endet kaum vor 23.00 Uhr. In einem Artikel in der „Jüdischen Allgemeinen" bekennt ein Gastautor: „Viele können sich kaum eine Vorstellung davon machen, wie schwierig und hart und intensiv das Talmudstudium ist. Nichts von dem, was ich an der Universität durchgemacht habe, ist vergleichbar mit den hohen Ansprüchen des Torastudiums und der Disziplin, die es fordert. Darin liegt einer der Gründe für die Tatsache, dass so viele, die durch diese harte Lehre gingen, es draußen in der Welt, im beruflichen und wirtschaftlichen Wettbewerb, so weit bringen.“ [6]

Bei diesem Studium in einer Yeshiwa wird den jungen Männern beigebracht, wie man vom Kleineren auf das Größere schließt und wie es geht, dass man von der allgemeinen Situation Rückschlüsse auf besondere Lebensumstände zieht. Zentrales Anliegen war es auch, immer wieder Fragen zu stellen. So entstand eine dialogische, ironische, in sich immer wieder gebrochene Welt des Denkens, deren Ziel nicht die Anhäufung von kognitivem Wissen, sondern die intellektuelle Beweglichkeit war. Freilich: Dafür bedarf es auch eines besonderen Verhältnisses zwischen Lehrer und Schüler. Der Lehrende ist – so klug er auch sein mag – nicht die unangreifbare Autorität. Ganz im Gegenteil: „Die jüdische Tradition gestattet, ja ermutigt den Schüler, sich gegen den Lehrer zu stellen, ihm zu widersprechen und bis zu einem gewissen Punkt darzulegen, dass er unrecht hat. Das ist bis zu einem gewissen Grad der Schlüssel zur Erneuerung“ [7] befinden Oz und Oz-Salzberger. Das Schüler-Lehrer-Verhältnis besteht also nicht in einer hierarchischen Abhängigkeit, sondern in einem wechselseitigen, gemeinsamen Lernprozess. Und so wird von jedem 13-jährigen Juden, der seine Bar Mitzwa feiert, erwartet, dass er einen „chidusch“, eine neue Erkenntnis bei der Interpretation der ihm vorgelegten Torastelle, beisteuert. Er soll etwas Neues herausfinden und nicht bloß Altbekanntes wiedergeben. Und die einzigartige Besonderheit daran: Er darf mit seinen Ideen auch falsch liegen, ohne sofort zurechtgewiesen zu werden. Dies nimmt die Angst vor Fehlentscheidungen und gesellschaftlichen Verurteilungen. Die Tradition der jahrhundertealten Lernpraxis führte auch dazu, dass Israel eine höchst erfolgreiche Start-up-Nation ist. Amos Oz weist darauf hin, dass das Judentum stets „eine Kultur des Zweifels und der Diskussion gepflegt hat, ein offenes Spiel der Deutungen und

Gegendeutungen, Umdeutungen und widersprüchlicher Deutungen. Die jüdische Zivilisation zeichnet sich von Anfang an durch ihre Streitlust aus."[8]

Grundlage dieses Lernens sind die Bücher. Weit vom Jerusalemer Tempel entfernt, zerstreut in alle Welt, blieben den Juden nur die Bücher. Juden hatten keine Reliquien, keine apostolische Erbfolge, keine Heiligenstatuen oder Bilder – alles, was ihnen blieb, waren Bücher. Wenn Juden bei Pogromen um ihr Leben rannten, aus dem brennenden Haus oder der brennenden Synagoge flüchteten, nahmen sie stets das Wertvollste, ihre Kinder und ihre Bücher, mit.

Das Wort ist also der Schlüssel zur Kontinuität im Judentum. Juden tragen ihren Gott in Form der Tora bei sich. Heinrich Heine spricht in diesem Zusammenhang vom „portablen Gott". Texte und Bücher sind es auch – bei aller Unterschiedlichkeit der Interpretationen –, die das Judentum zusammenhalten. So treffen sich ein Jude aus Buenos Aires, einer aus Novosibirsk und ein deutscher Jecke, bei aller Verschiedenheit, die ein Russe, ein Argentinier und ein Deutscher aufweisen, doch auf einer gemeinsamen Ebene. Auf der Basis der gemeinsamen Kultur, die von den gemeinsam gelesenen Büchern ausgeht. Diese Kultur mag widersprüchlich sein, aber es bleibt dennoch dieselbe Kultur.

Lust an der intellektuellen Auseinandersetzung, aber auch der den Juden eigene Humor, bringen einen besonderen Charakterzug hervor: die Chuzpe. Unter Chuzpe versteht man eine Mischung aus intelligenter Unverschämtheit, Charme und unwiderstehlicher Dreistigkeit. So nehmen Juden Könige und Rabbiner, Glaubensgenossen und Andersgläubige aufs Korn und machen dabei selbst vor Gott nicht halt. Das wiederum bedeutet: Es gibt keine Tabus im Denken. Ein Beispiel: Ursprünglich galt Gott als alleiniger Schöpfer. Seit der Erschaffung von Adam und Eva kann er aber nicht mehr allein agieren. Adam und Eva sind zu zweit, Gott steht allein. Auch sind seine Gebote „nicht mehr im Himmel", wie es im Buch Deuteronomium (30,11) heißt. Das wiederum befähigt die numerische Mehrheit der Juden gegenüber dem einen Gott über die Tora und deren

Interpretation allein zu entscheiden. Bei so viel Chuzpe fragen sich die Juden natürlich: Was denkt Gott über seine Entmachtung? Die Antwort kann man im Talmud nachlesen: „Rabbi Nathan begegnete dem unsterblichen Propheten Elia und fragte ihn: ‚Was tat der Heilige, gelobt sei Er, zu eben jener Stunde?‘ Er antwortete: ‚Er lachte und sprach: Meine Kinder haben mich besiegt.‘“

Wenn fromme Juden lernen, dann geht es nicht darum, jüdische Geschichte nach rein objektivierbaren Kriterien zu begreifen, sondern es geht „um ein Wissen, bei dem das Schaffen des Menschen dargestellt und zugleich ein Gespür für eine göttliche Gegenwart vermittelt wird“, legen Oz und Oz-Salzberger dar. Lernen sei also Gottesdienst und Gottesdienst sei immer auch Erkenntnisgewinn.

Nach diesem Exkurs sollte klar sein: Die hohe Zahl der Nobelpreisträger beruht nicht auf Chromosomen, sondern auf einer jahrhundertealten Tradition des Lernens. Eines Lernens, das nicht als notwendige und zeitweilige Beschäftigung gesehen wird, die später vom „richtigen Leben“ abgelöst wird. Lernen ist im Judentum existenziell.

WAS HAT EUROPA MIT DEM KONFLIKT IM NAHEN OSTEN ZU TUN?

WENN MAN hiesigen Wirtshausgesprächen Glauben schenkt, dann gar nichts. Denn der gebetsmühlenartig wiederholte Satz „Bei denen da unten wird es wohl nie Frieden geben" suggeriert, dass Israel und die Araber alleine an den blutigen Auseinandersetzungen schuld seien. Europas unrühmliche Vergangenheit kommt in den Diskussionen jedenfalls nicht vor.

Es war zur Zeit des Ersten Weltkriegs. Auf den Schlachtfeldern am Isonzo, an der Somme und bei Verdun wurde mit hohem Menschen- und Material-Einsatz gekämpft. Zu wesentlichen Gebietszugewinnen kam es während des Stellungskriegs allerdings nicht. Da hatten die Mitglieder der „Triple Entente" (Großbritannien, Frankreich und Russland) die Idee, ihre Feinde auch von innen her zu schwächen. Dazu nutzte man den erstarkenden Nationalismus des

19. und frühen 20. Jahrhunderts. In einem geheimen Briefwechsel, den sogenannten McMahon-Briefen, versprach man den Arabern einen eigenen Staat, wenn sich diese gegen das türkisch-osmanische Reich erheben würden. „Großbritannien ist bereit, die Unabhängig-' keit der Araber anzuerkennen und zu unterstützen [...] Diese Erklärung [...] wird zu einer festen und dauerhaften Allianz führen, deren unmittelbares Ergebnis die Vertreibung der Türken aus den arabischen Ländern sein wird." So heißt es in dem am 24. November 1915 vom britischen Hochkommissar in Ägypten, Sir Henry McMahon, abgeschickten Brief an den Scherif von Mekka, Hussein Ibn Ali.

Das Kalkül der Briten ging auf. Nur sechs Monate nach Abfassung des Schreibens rief Faisal I., der Sohn Hussein Ibn Alis, zum Dschihad gegen den osmanischen Sultan auf. Im Gedächtnis blieb dieser Krieg durch die Rolle von Lawrence von Arabien, der als britischer Offizier, Archäologe und Geheimagent aufseiten der Araber gegen das Osmanische Reich kämpfte. In einer berühmten Verfilmung wurde er von Peter O'Toole gespielt.

Zwar hatten die Briten den Arabern in dem geheimen Briefwechsel Eigenstaatlichkeit in Aussicht gestellt, tatsächlich verfolgten sie allerdings ganz andere Pläne. Nach der erhofften Niederlage des Osmanischen Reichs, das gemeinsam mit Deutschland und der österreichischen Monarchie eine Allianz gebildet hatte, wollten die Briten die Region selbst kontrollieren. In einem weiteren Geheimpapier, dem sogenannten Sykes-Picot-Abkommen, das Großbritannien und Frankreich am 16. Mai 1916 geschlossen hatten, legten sie die Aufteilung des Nahen Ostens unter sich fest. Die Engländer sollten große Teile Palästinas, Jordanien und den Südirak bekommen, Frankreich den Südosten der Türkei, den Libanon, Syrien und den Nordirak. Russland wurde Armenien sowie ein Zugang zum Schwarzen Meer und der Schutz der heiligen Stätten in Palästina zugesichert.

Im Kräftespiel des Nahen Ostens galt es noch die Bedürfnisse der Juden zu berücksichtigen. Seit Theodor Herzls Formulierung des politischen Zionismus in den Jahren 1896/97 spielten sie eine immer stärkere Rolle in der Region. Die Briten unterstützten deren

Wunsch nach einem eigenen Staat in Palästina in einem Brief, den der britische Außenminister Sir Arthur James Balfour am 2. November 1917 an Baron Edmond de Rothschild schickte. In dieser sogenannten „Balfour-Deklaration" hieß es, dass die britische Regierung „die Schaffung einer nationalen Heimstätte in Palästina für das jüdische Volk mit Wohlwollen" betrachte.

Fasst man die Geheimdiplomatie der europäischen Mächte zusammen, so kann man sagen, dass diese Zugeständnisse an Dritte machten und diesen Gebiete zusicherten, über die sie selbst gar nicht verfügten.

Nach Ende des Kriegs geschah, was so niemand erwartet hatte: Araber und Juden setzten sich im Jänner 1919 im Rahmen der Pariser Friedenskonferenz von St. Germain zusammen, um eine friedliche Lösung zwischen den beiden Völkern und Religionen zu vereinbaren. Chaim Weizmann, Präsident des Zionistischen Weltkongresses, sicherte seinem Gesprächspartner, Emir Faisal I., König von Groß-Syrien, einen freien Zugang der Muslime nach Jerusalem zu. Und der Moslem versprach, die Einwanderung der Juden nach Palästina zu fördern. Gemeinsam wollten sie in „aufrichtiger Zusammenarbeit" die Grenzen zwischen dem jüdischen und dem arabischen Staat ziehen. Der Emir formulierte nur eine einzige Bedingung: dass die den Arabern versprochene Unabhängigkeit auch tatsächlich umgesetzt werde.

Man war in Paris im Jahre 1919 einem friedlichen Interessensausgleich von Arabern und Juden sehr nahe. Nur ein politischer Mitspieler hatte kein Interesse an einer Lösung: Großbritannien, das sich auf der Konferenz von San Remo im April 1920 vom Obersten Rat der Alliierten mit der Verwaltung der südlichen Levante betrauen ließ. Die damalige Begründung der Siegermächte atmete noch die Ideologie des europäischen Kolonialismus des 19. Jahrhunderts: „Völker, die noch nicht fähig sind, für sich allein zu stehen", würden der Verwaltung durch „fortgeschrittene Nationen"[9] bedürfen. Diese verlogene Politik der Europäer gab England dann viele Jahre die Möglichkeit, billiges Erdöl aus dem Irak zu beziehen.

Ihre Macht übten die Briten in Palästina trotz mehrerer massiver arabischer Aufstände und einem Untergrundkrieg der Juden bis zum 14. Mai 1948 aus. An diesem Tag zogen sie ab, unmittelbar danach rief David Ben Gurion den Staat Israel aus. Seitdem finden die kriegerischen Auseinandersetzungen zwischen Israel und seinen arabischen Nachbarn beziehungsweise den Palästinensern kein Ende.

WARUM HÖRT MAN VON ISRAEL STÄNDIG IN DEN MEDIEN?

EINE ALTE britische Journalisten-Weisheit besagt: „Jews are good news." Juden erregen immer noch mehr Aufsehen als Nichtjuden. Wenn sie in der Weltbank die Zinsen niedrig halten, wenn sie in der Weltbank die Zinsen erhöhen, wenn sie den US-Präsidenten kritisieren, wenn sie in Hollywood verhaftet werden, weil sie Frauen sexuell belästigt haben – stets folgt der Hinweis, dass die betroffene Person Jude sei. Dies ist kaum der Fall, wenn jemand Buddhist, Hinduist oder Christ ist.

Die Welt ist medial auf Israel fokussiert wie auf kein anderes Land. Dies belegt auch eine Untersuchung von Andreas Zick, dem Leiter des Instituts für Interdisziplinäre Konflikt- und Gewaltforschung an der Universität Bielefeld. Er analysierte die Berichterstattung von 467 Zeitungen weltweit, darunter namhaften Blättern wie „The Times", „La Stampa", „Le Monde", „Die Welt" oder auch „China Morning Post". Für den Juli 2014 ergab dies, dass 2163 Artikel dem

WIE MUSS MAN SICH EINE KREUZIGUNG VORSTELLEN?

→

Die Antwort finden
Sie auf Seite 178.

Ausbruch von Ebola in Westafrika gewidmet waren. 5833 Berichte thematisierten den Krieg in Syrien, wo zu diesem Zeitpunkt bereits mehr als 200.000 Tote zu verzeichnen waren und sich etwa drei Millionen Menschen auf der Flucht befanden. Die zweitmeiste Aufmerksamkeit erregte der ungeklärte Absturz der malaysischen Boeing über dem offenen Meer mit 10.053 Berichten. Unglaubliche 33.095 Leitartikel oder große Reportagen waren aber dem israelisch palästinensischen Konflikt „Protective Edge" gewidmet. Am 8. Juli 2014 hatte Israel mit einer Militäroperation begonnen, als Reaktion auf den andauernden Beschuss des Landes durch Raketen der Hamas. Am 26. August legten beide Parteien die Kampfhandlungen bei. Nach UNO-Angaben forderte der Krieg 1814 Opfer, wobei viele der Hamas-Strategie der „menschlichen Schutzschilde" zum Opfer gefallen sein dürften. Wie gesagt: „Jews are good news." Anders lässt es sich wohl nicht erklären, dass dem Krieg in Gaza beinahe doppelt so viele Berichte gewidmet waren wie dem gesamten übrigen Weltgeschehen zusammen.

Besonders krass ist das Missverhältnis von Realität und Wahrnehmung auch, was den Konflikt zwischen Juden und Arabern in den letzten Jahrzehnten anlangt. Dies stellte der Soziologe Gunnar Heinson aus Bremen fest, der nach Erhebung aller Kriege und Konflikte weltweit seit 1950 zum erstaunlichen Ergebnis kam, dass „der arabisch-israelische Konflikt mit insgesamt 51.000 Toten nur an 49. Stelle rangiert". 35.000 Tote hatten die Araber, 16.000 die jüdischen Israelis zu beklagen.

In demselben Zeitraum kamen weltweit insgesamt 85 Millionen Menschen durch Kriege und absichtlich herbeigeführte Hungersnöte wie beispielsweise in Kambodscha unter den Roten Khmer ums Leben. Die Zahl der Toten aus den Kriegen zwischen Israel und den Arabern seit 1950 liegt also im Promille-Bereich. Oder anders gerechnet: Auf einen Toten im Nahost-Konflikt kommen 1700 Tote in der übrigen Welt, über die man allerdings nur selten spricht.

Unausgewogen ist auch das Verhältnis, wenn man die blutigen Konflikte innerhalb der muslimischen Staaten – von Marokko bis Indonesien – seit 1950 betrachtet, die elf Millionen Opfer forderten.

Dabei kommen auf jeden Moslem, der von Israel getötet wurde, 315 Menschen, die bei Auseinandersetzungen innerhalb der muslimischen Welt starben.

Der Nahe Osten ist uns sprichwörtlich nahe. Aber offenbar doch nicht so nahe, dass ihn die Mehrheit der politisch interessierten Menschen in seinen Dimensionen richtig einordnen würde. Wenn ich Reiseteilnehmer frage, wie groß sie die Fläche Israels schätzen, antworten die meisten: „So wie Österreich, knapp 84.000 Quadratkilometer." Völlig überrascht nehmen sie dann zur Kenntnis, dass Israel mit 22.380 Quadratkilometern, ohne die besetzten Gebiete, nicht einmal so groß ist wie die Steiermark und Kärnten zusammen. Und das von Israel besetzte Westjordanland, das zusammen mit dem Gazastreifen den künftigen Staat Palästina bilden soll, hat gerade einmal die Fläche von 6220 Quadratkilometern. Das sind zwei Drittel von Kärnten. In diesem kleinen Gebiet leben derzeit bereits geschätzte 4,3 Millionen Einwohner. Mehr als 50 Prozent von ihnen sind noch keine 16 Jahre alt. Man kann leicht abschätzen, wie explosiv die Lage in den kommenden Jahren allein schon wegen der sozialen Frage sein wird.

Auch die Zahl der in Israel lebenden Juden beziehungsweise der Juden weltweit wird von den meisten Reisenden völlig falsch angesetzt. In Israel leben 6,2 Millionen und weltweit nur rund 15 Millionen Juden. Damit machen die Juden weniger als zwei Promille der Weltbevölkerung aus. Trotzdem hört man oft: „Die Juden sind überall."

WANN HÖREN DIE JUDEN ENDLICH AUF, VOM HOLOCAUST ZU REDEN?

AUF EINEM Flug von Tel Aviv nach Wien sitze ich neben einem älteren Ehepaar. Sie haben ihr koscheres Essen konsumiert, als der Mann nach der Stewardess läutet. Er bittet sie um Zucker für den Kaffee. Die junge Dame kommt mit einem Tablett, auf dem sich zwei Körbchen befinden: eines für Zucker, eines für Salz. Gierig greift der Mann mit beiden Händen zu, rafft so viele Päckchen, wie er nur zu fassen bekommt, an sich und stopft sie in die Taschen seines Sakkos. Die Stewardess schweigt betreten, wir tauschen verwunderte Blicke aus. Plötzlich beginnt der Alte mit mir über seinen Besuch in Israel zu sprechen, der wegen seines angegriffenen Gesundheitszustands wohl der letzte gewesen sein wird. Ich verhalte mich reserviert und antworte nur knapp. Der Fremde hört nicht auf über seine

Erlebnisse in mehreren Konzentrationslagern zu monologisieren. Nach einigen Minuten bedeutet mir seine Ehefrau, ihr im Gang des Flugzeugs nach hinten zu folgen. Dort entschuldigt sie sich für das Verhalten ihres Mannes und erklärt, dass er einer der wenigen Überlebenden von Auschwitz bei der Befreiung am 27. Jänner 1945 durch die Rote Armee gewesen sei. Sein ganzes durchaus erfolgreiches Leben lang habe er die Angst, zu verhungern, nicht ablegen können. Sie hätte ihn auch nicht davon abhalten können, gierig nach Zucker und Salz zu greifen. Je älter er werde, desto häufiger und desto intensiver kämen seine Erinnerungen an das Konzentrationslager an die Oberfläche.

Wir gehen zurück an unsere Plätze und tatsächlich: Der Mann nimmt das Gespräch wieder auf, die Sprechgeschwindigkeit steigert sich und an seinem starren Blick, mit dem er irgendeinen Punkt im Flugzeug fixiert, erkennt man, er spricht zu sich selbst. Er spricht über das Unaussprechliche. Über Schuldgefühle, weil er überlebt hat, weil er einem Sterbenden die Suppe weggegessen hat.

„Wann werden die Juden endlich aufhören, vom Holocaust zu reden?" Wenn man solch eine Begegnung hinter sich hat, klingt der Satz wie eine Provokation. Unter jenen, die mir diese Frage gestellt haben, waren fromme Christen, ehrenhafte Sozialdemokraten, aber auch viele, die aus Gründen ihrer angeblich humanistischen Weltsicht glaubten, Auschwitz solle nach 75 Jahren endlich ad acta gelegt werden. Denn mittlerweile, so argumentieren sie, hätte sich auch viel anderes Leid auf dieser Welt ereignet: die Massaker der Roten Khmer in Kambodscha, der Völkermord in Ruanda ... Aber einzig die Juden würden „keine Ruhe geben" und immer noch „von damals" reden.

„Auch wenn die Kinder und Enkelkinder der Holocaust-Überlebenden irgendwann einmal gestorben sein werden, wird die Diskussion weitergehen. Es wird zu einer natürlichen Abschwächung des Schmerzes auf jüdischer Seite und einer Verminderung des Verantwortungsbewusstseins auf Seiten der ehemaligen Täter kommen"[10], erklärte mir der israelische Historiker Yehuda Bauer, der zahlreiche Bücher zur Shoa veröffentlicht hat. Ein derart massives gesellschaftliches Trauma könne man zwar überwinden, aber nie zum Verschwinden bringen. Es bleibe immer präsent, erklärte Bauer, der weltweit Völkermorde und deren Folgen untersucht hat. „Von den Juden wurde ein Drittel des Volkes ermordet. Das ist doch Grund genug, dass sich ein Trauma über viele Generationen weiterentwickelt. Im Christentum wird heute noch sehr aktiv über das Trauma eines Menschen berichtet. Soll man fordern, nicht mehr daran zu denken?"

Immer wieder verweisen Reiseteilnehmer darauf, dass die Österreicher und Deutschen sich um Aussöhnung bemühten, doch die Juden weiter unversöhnlich blieben und weiter „in der Vergangenheit umrühren" würden. Die ausgestreckten Hände waren sicher ehrlich gemeint, es wird aber übersehen, dass Verzeihen immer vom Opfer ausgehen muss und nie vom Täter oder deren Nachfolgern eingefordert werden kann. Allzu häufig wird von den Opfern auch erwartet, dass sie nie mehr die Vergangenheit ansprechen, sobald sie einem Gestus des Verzeihens zugestimmt haben.

Genau das Gegenteil sollte man von den noch letzten Überlebenden einfordern: „Reden Sie!" Denn viele Jahre lang haben sie das aus Scham, aus Angst, aus schlechtem Gewissen nicht getan. Erschwerend kommt in Österreich in dem schwierigen Prozess der „Aufarbeitung" der Geschichte hinzu, dass die wenigsten NS-Täter überhaupt eine Strafe verbüßt haben.

Zur Bestätigung dafür, dass auch Österreicher Opfer gewesen seien, hört man Schilderungen, die die Zerstörung der deutschen Städte und den Hunger der Bevölkerung in den Jahren nach 1945 zum Inhalt haben. Damit soll klar werden: Nicht nur die Juden, auch Nichtjuden hätten im Krieg gelitten und seien Opfer gewesen. Das stimmt zwar, es lenkt aber davon ab, dass das Leid nach dem Zweiten Weltkrieg die Folge von NS-Angriffskriegen war, während die jüdische Bevölkerung bereits in Friedenszeit drangsaliert und später vernichtet wurde. Und das nur aus einem einzigen Grund: weil sie eben Juden waren.

Mit dem eigenen Leid im Land wurde die grausame Verfolgung der Juden viele Jahre lang relativiert, mit verharmlosenden Worten haben sich nicht wenige Österreicher die eigene Geschichte schöngeschrieben. So war bei einem Totengedenken an einem Kriegerdenkmal vor wenigen Jahren nicht von einem Angriffskrieg die Rede, in den junge Deutsche und Österreicher ab 1939 gehetzt wurden, sondern davon, dass diese Soldaten „für die Verteidigung der Heimat" gestorben seien. Tatsache aber ist, dass niemand in Stalingrad Wiener Neustadt verteidigte und niemand an der Loire Berlin oder Düsseldorf.

In der Diskussion des „Wann hören die Juden endlich auf vom Holocaust zu reden?" geht es nicht um die Festlegung eines zeitlichen Horizonts, sondern um die Beweisführung, dass die Juden ebenso aggressiv und böswillig seien wie die Nazis. Es gibt kaum eine Reisegruppe, in der dies nicht behauptet wird. Waren es früher noch vom Nationalsozialismus geprägte Personen, sind es heute oft bekennende Linke, die diese Position vertreten. Als ideale Projektionsfläche dafür erweist sich die Palästinenser-Frage. „Die Israelis behandeln die Palästinenser so, wie sie selbst von den Nazis behandelt wurden", ist ein häufig vorgebrachtes Argument. Ebenso häufig ist von der „Endlösung der Palästinenserfrage durch Israel" die Rede. Oder noch reißerischer formuliert: „Die Juden haben in Auschwitz gelernt, wie sie mit den Arabern umzugehen haben." Bei all diesen Parallelisierungen geht es um eine Entlastungsoffensive: „Die Opfer von gestern sollen als die Täter von heute demaskiert werden, um die Täter von gestern als die Moralisten von heute auferstehen zu lassen"[11], schreibt der deutsche Jude Henryk M. Broder. Die Deutschen und Österreicher wollen verständlicherweise nicht länger mit ihrer Schuld leben. Deswegen ist es geradezu ein Geschenk, wenn sich in ihren Augen die Israelis als die brutaleren Nazis erweisen.

Der Mann aus dem Flugzeug hat ein Leben in tiefer Schuld geführt – gegenüber dem Bestohlenen, und gegenüber sich selbst: Denn ihn hat, wie viele andere Überlebende der Shoa auch, eine Frage sein Leben lang nicht mehr losgelassen: „Warum ich? Warum habe gerade ich überlebt?" Diese Frage beantwortet er auch in seinem Monolog nicht. Er zieht nur sein weißes, mit einem Monogramm besticktes Taschentuch aus der Brusttasche seines blauen Sakkos und weint bitterlich hinein. Nun frage noch einer, wann die Juden endlich aufhören würden, vom Holocaust zu reden.

Ein Nachtrag. Der Mann im Flugzeug trug an mehreren Fingern Ringe mit Diamanten. Aufgefallen sind mir diese, als er nach dem Salz und dem Zucker gegriffen hat. Später hat mir seine Frau im rückwärtigen Teil des Flugzeugs erklärt: „Er hat das Gefühl, Werte, die er überall auf der Welt zu Geld machen kann, bei sich tragen zu müssen. Mit fortschreitendem Alter taucht bei ihm nämlich immer öfter die fixe Idee auf, vielleicht wieder flüchten zu müssen. Für diesen Fall will er vorbereitet sein." Ich bin über mich selbst erschrocken und habe mich still geschämt, wie schnell ich in das antisemitische Vorurteil des reichen Juden verfallen bin, das lautete: „So kann man auch reich werden. Man schmückt sich mit Diamanten, rafft aber Zucker- und Salzbriefchen zusammen." Glücklicherweise ist noch Zeit, den Opfern zuzuhören und die eigenen Vorurteile zu korrigieren.

*Die Antwort finden
Sie auf Seite 139.*

WER IST EIN
ORTHODOXER
JUDE?

SIND DIE SIEDLER EIN HINDERNIS FÜR DEN FRIEDEN?

ES GIBT hierzulande beinahe unumstößliche Meinungen zum Nahen Osten. Eine davon lautet: Die Siedler sind ein Hindernis für den Frieden. Wenn sie sich erst einmal von den Golanhöhen, vor allem aber aus dem Westjordanland (der Westbank) und Ostjerusalem zurückgezogen haben werden, dann steht einem umfassenden Frieden nichts mehr im Wege. Dann nämlich würden die Palästinenser ihre Souveränität erlangen und könnten einen eigenen Staat gründen. Damit sei auch der seit mehr als 100 Jahren schwelende Konflikt zwischen den Juden und den Arabern beigelegt.

Die Siedler als das große, das beinahe einzige Hindernis auf dem Weg zum Frieden – hinter diese Aussage darf ein vorsichtiges Fragezeichen gesetzt werden.

Vorweg eine Erklärung: Ich habe viele Jahre als Redakteur in einer auflagenstarken Tageszeitung in Graz gearbeitet. Dabei musste ich feststellen, dass Leser oft nicht zwischen Bericht und

Kommentar unterscheiden. Ich habe die Erfahrung gemacht, dass Aussagen und Meinungen der von mir zitierten Personen mit meinen persönlichen gleichgesetzt wurden. In Bezug auf die Siedler möchte ich klarstellen: Wenn ich im Folgenden die Ideologie der Siedler beschreibe, dann geht es mir nicht um deren Verteidigung, sondern einzig um die Frage, wie sich aus einer kleinen Minderheit eine politische Kraft entwickeln konnte, die seit Jahren im israelischen Parlament vertreten ist und mehrfach als Regierungspartner Einfluss auf die Politik des Staates genommen hat.

Und noch eine sprachliche Klärung vorweg: Wenn wir im Deutschen von einer „Siedlung" sprechen, dann verstehen wir darunter eine Ansammlung von Häusern im ländlichen Bereich. Im urbanen Umfeld wird damit ein Stadtteil beschrieben. Nie bezeichnen wir mit diesem Begriff, was ein „settlement" wie Ma'ale Adumim östlich der Altstadt von Jerusalem tatsächlich ist: eine Kleinstadt mit 40.000 Einwohnern. Von den Häusern, die terrassenförmig in den Fels der jüdäischen Wüste gebaut wurden, hat man einen wunderbaren Blick in die Wüste Juda. Weit im Hintergrund sieht man bis nach Jordanien. In dieser „Siedlung" lebt es sich aufgrund der perfekten Infrastruktur mit Bildungseinrichtungen, einer hervorragenden medizinischen Versorgung, Shoppingmalls und Grünanlagen wunderbar. Und wenn man ins nahe Jerusalem will, dann ist man in 20 Minuten mitten im Stadtzentrum.

Knapp 600.000 Israelis leben mittlerweile in Ost-Jerusalem und in 250 Siedlungen im Westjordanland. Manche in „Außenposten", die oft nur aus wenigen Wohncontainern und einem Wasserturm bestehen, andere in Städten wie Ma'ale Adumim oder Modi'in Illit. Viele, so stellt die israelische Menschenrechtsorganisation B'Tselem fest, seien auf privatem Grund und Boden arabischer Eigentümer errichtet worden. Die konservativen Regierungen des Likud-Blocks in Jerusalem, die übrigens nicht von „besetzten", sondern bevorzugt von „umstrittenen" Gebieten sprechen, bestreiten dies. Sie behaupten, dass viele Siedlungen auf einem Land errichtet worden seien, für das niemand einen Besitznachweis hatte erbringen können. Das stimmt, hat aber damit zu tun, dass sich die Araber über Jahrhunderte auf ein Gewohnheitsrecht stützten, das nicht schriftlich festgehalten wurde. Kaum ein arabischer Grundbesitzer hielt es für nötig, seinen Besitz, von dem alle Nachbarn wussten, in alle Rechtssysteme des letzten Jahrhunderts eintragen zu lassen: Zunächst waren die Osmanen im Land, dann kamen die Briten, die wiederum von den Jordaniern abgelöst wurden. Ab 1967 waren es die Israelis, ab Mitte der 1990er-Jahre dann zum Teil die Palästinensische Autonomiebehörde. Ein Wirrwarr, bei dem Kleinbauern, die oft gar nicht schreiben konnten, meinten, dass die Eintragung nicht nötig sei. Sie koste nur Geld und eine Regierung werde ohnedies bald von der nächsten abgelöst. Die Israelis sahen das anders: Wer für seinen Grund und Boden keinen Nachweis erbringen konnte oder wer im Rahmen von Kriegshandlungen geflüchtet war und seinen Rechtsanspruch nicht innerhalb einer gewissen Frist geltend machen konnte, verlor sein Land. Und zu all dem kamen noch die Enteignungen aus Sicherheitsgründen. Solche wurden aber nicht nur vom israelischen Militär, sondern auch von der palästinensischen Behörde vorgenommen. So verlor beispielsweise eine christliche Familie in Betlehem einen Acker an die neue arabische Verwaltung der PLO mit der Begründung, ihr bleibe auch danach noch genug Fläche. Einen rechtlichen Einspruch dagegen gab es nicht. Sehr wohl war aber ein solcher auf israelischer Seite möglich, wo immer wieder auch zugunsten der klagenden arabischen Parteien entschieden wurde und wird.

Aber nicht nur die Größe der Siedlungen, auch deren Verteilung ist ein Politikum. Sie zerschneiden die palästinensischen Autonomiegebiete der Westbank in einen unübersichtlichen kleingemusterten „Teppich", sodass diese in keinem Fall mehr die räumliche Grundlage für einen eigenen arabischen Staat im traditionellen Sinne bilden können. Die von Europa noch immer favorisierte Zweistaatenlösung ist somit längst nicht mehr möglich.

Um die Siedlerbewegung zu verstehen, muss man in der Geschichte Israels bis ins Jahr 1965/66 zurückblicken. Der junge Staat war noch keine 20 Jahre alt und hatte dennoch bereits eine Geschichte, auf die man stolz sein konnte. Wirtschaftlich ging es steil bergauf, in Tel Aviv und Beer Sheba wurden die ersten Hochhäuser gebaut, in Jerusalem wurde das Parlament, die Knesset, errichtet und gleich nebenan das Israel-Museum fertiggestellt. Zudem gab es bereits ein Weltraumprogramm, bei einem internationalen Mathematikwettbewerb ging ein junger Israeli als Sieger hervor und Gäste aus dem Ausland – von Alfred Hitchcock bis Jean-Paul Sartre – kamen, um das „Wunder Israel" zu bestaunen. Und um zu gratulieren. Die Linke in Europa sah in Israel ein Labor, in dem Erfolge erreicht wurden, die in der Nachkriegsordnung des Kalten Kriegs in Europa undenkbar waren. Israel wurde somit zur Projektionsfläche der eigenen Hoffnungen.

Im Jahr 1966 brach der Höhenflug abrupt ein. Es kam – auch durch das Ende der deutschen Reparationszahlungen – zu einer hohen Arbeitslosigkeit. Erstmals verließen mehr Juden das Land als einwanderten. Eine kollektive Depression griff um sich, die Stimmung war gedrückt und viele Menschen in dem noch keine 20 Jahre alten Staat fragten sich, ob das Experiment, den Juden auf der ganzen Welt nach 2000 Jahren eine nationale Heimstätte zu geben, auch schon wieder gescheitert war.

Dazu kam der enorme politische Druck, den die Palästinenser über Terroraktionen aufgebaut hatten. Unter anderem wurde im Haus von Benny Begin, dem Sohn des späteren Premiers Menachem Begin (1977–1983), eine Bombe gelegt. Die Regierungen in Jerusalem wussten zunächst nicht, wie sie mit dem neuen Phänomen umgehen sollten. Also rächte man sich an jenen Ländern, aus denen die Attentäter nach Israel gekommen waren: an Syrien und Jordanien. Da Damaskus aber mit Kairo einen militärischen Beistandspakt geschlossen hatte, musste Ägypten reagieren. Ägypten sperrte die Seestraße von Tiran an der Südspitze der Sinaihalbinsel und schnitt Israel von einem überlebensnotwendigen Verkehrsweg ab.

Ministerpräsident Levi Eshkol (1963–1969) war höchst gefordert. Seine Aufgabe wäre es gewesen, die Bevölkerung zu beruhigen und zu zeigen, dass er das Heft des Handelns in der Hand hatte. Nach der Ankündigung des ägyptischen Präsidenten Abdel Nasser, „Israel von der Landkarte auszuradieren", hatte sich nämlich wieder die alte Holocaust-Angst breit gemacht. Rabbiner trafen Vorbereitungen, um die 50.000 toten Juden, die die Regierung durch einen Krieg mit dem „neuen Hitler" erwartete, in geweihter Erde beisetzen zu können. Dafür widmeten sie Parkanlagen und Fußballplätze in Friedhöfe um.

Eshkol gelang es aber nicht, seine Landsleute zu beruhigen. Ganz im Gegenteil. Er verunsicherte sie zutiefst. Der Premier sollte ursprünglich ins Funkhaus des Radios in Tel Aviv fahren, um dort eine Rede an die Nation aufzunehmen. Den vor der Ausstrahlung aufgenommenen Text wollte man technisch noch von Versprechern „reinigen", denn es musste eine Rede sein, die den Menschen ihre Ängste nehmen würde. Aber die Zeit dafür war zu knapp, weswegen man sich für eine Live-Übertragung aus dem Büro Eshkols entschied. Dieser hatte sich aber erst wenige Tage zuvor einer Augen-OP unterzogen. Er konnte die von seinem Sekretär handschriftlich korrigierte Rede kaum lesen, legte künstliche Pausen ein und stotterte über weite Strecken. Statt eines souveränen Regierungschefs bekamen die Israelis einen zaudernden Premier zu hören, was noch mehr Ängste schürte.

Die Stimmung der Ausweglosigkeit schlug jedoch in Euphorie um, als Israel nach langen politischen Querelen einen militärischen Erstschlag am 5. Juni 1967 führte. Innerhalb von nur drei Stunden zerstörte die Luftwaffe die Militärflugzeuge von vier arabischen Staaten und eroberte in sechs Tagen ein Territorium, das dreimal so groß war wie die eigene Staatsfläche. Es waren dies der Sinai und der Gazastreifen sowie die Golanhöhen, vor allem aber das Westjordanland mit der Altstadt von Jerusalem. Selbst hart gesottene Soldaten hatten Tränen der Freude in den Augen, als sie – als die ersten Juden seit 19 Jahren – die Westmauer (auch: Klagemauer) besuchen konnten, den heiligsten Ort des Judentums.

Auch mit der Westbank kamen einige jener Orte unter die Kontrolle Israels, die das biblische Israel geprägt hatten: Betlehem, der Geburtsort von König David; Tekoa, der des Propheten Amos; Hebron, die Stadt, in der die drei Patriarchen Abraham, Isaak und

Jakob mit ihren Frauen Sara, Rebekka und Lea begraben liegen; Jericho, die erste Stadt, die das Volk Israel unter Josua erobert hat; Nablus, wo Josua seinen Bund mit Gott erneuert hat; Bet El, wo Gott Abraham das gesamte Land versprochen hat und andere mehr. Israel, das wenige Tage zuvor noch von seiner Vernichtung überzeugt gewesen war, war euphorisiert. Es gab in diese Stimmung der Unbesiegbarkeit hinein auch warnende Stimmen, wie jene des Naturwissenschaftlers und Religionsphilosophen Jeschajahu Leibowitz, der mahnte, die Kontrolle über die Araber würde Israel korrumpieren. Leibowitz blieb ein Rufer in der Wüste, den niemand hören wollte.

Hagi Ben Artzi, Siedlerideologe und Schwager des Langzeitpremiers Benjamin Netanjahu, lebt in der Siedlung Bet El nördlich von Jerusalem. Er lässt Bedenken über die Unrechtmäßigkeit seines Wohnsitzes erst gar nicht aufkommen. Auf die Frage, wie es sich auf Grund und Boden lebt, der einem nicht gehört und den Israel nach den Rechtsnormen der internationalen Gemeinschaft mit Waffengewalt besetzt hat, antwortet der Professor für biblische Studien an der Bar Ilan Universität in Tel Aviv ruhig: „Wenn ich den Terminus ‚internationale Gemeinschaft' höre, dann ist meine erste Konnotation, dass die ‚internationale Gemeinschaft' sechs Millionen Juden umgebracht hat. Ich meine damit nicht nur die ehemaligen Nazis in Österreich und Deutschland, sondern alle europäischen Nationen, eingeschlossen die USA und das britische Empire. Die Engländer haben es den Juden verboten, nach Palästina zu flüchten, weswegen sie ins Gas getrieben werden konnten, und die USA haben die Eisenbahnen nach Auschwitz nicht bombardiert. Somit ist es nicht relevant, was die internationale Gemeinschaft sagt. Sie hat keine ethisch-moralische Berechtigung, uns Ratschläge zu erteilen." Dazu komme, dass die Westbank nicht „besetzt" sei. Besetzt hätten die Engländer Indien, die Franzosen Algerien oder die Italiener Äthiopien – Staaten, die zu den von ihnen eroberten Territorien keine Bindung hätten. Juden aber seien nur auf ihren historischen Mutterboden aus dem Exil zurückgekehrt. „Wenn wir die Westbank aufgeben, dann gibt es auch keine Rechtfertigung für den Zionismus im Staat Israel in den Grenzen von

1948 bis 1967. Denn in diesem Küstenbereich von Gaza über Tel Aviv bis Haifa haben auch in der Geschichte die Philister und Kanaaniter gelebt – die Israeliten waren immer in den Bergen angesiedelt."

Die moralische und auch die historische Argumentationslinie von Ben Artzi bewegt sich auf zwei Ebenen, denen das Völkerrecht widerspricht. In der IV. Genfer Konvention, Artikel 49 (6) des Jahres 1949, wurde nämlich festgelegt, dass die Ansiedelung von Teilen der Bevölkerung eines Staates auf dem Gebiet eines anderen Staates, das von diesem unter Waffengewalt eingenommen wurde, verboten ist.

So eindeutig die Gesetzeslage scheint, so wenig klar ist sie in Bezug auf das Westjordanland, denn die Araber lehnten am 29. November 1947 eine Zweistaatenlösung, wie sie die UN-General-versammlung in der Resolution 181 beschlossen hatte, ab. Die Juden riefen hierauf am 14. Mai 1948 ihren Staat aus. Das Territorium der Westbank wurde aber vom haschemitischen Königreich Jordanien im selben Jahr erobert und 1950 – übrigens gegen die Bestimmun-gen des Völkerrechts – annektiert.

Ben Artzi geht in den Angriff über: „An wen sollten wir das Westjordanland Ihrer Meinung nach zurückgeben?", fragt er nicht ohne zynischen Unterton. „An die Palästinenser? So einfach geht das nicht. Erstens haben es die Araber 1947 noch als Schimpfwort emp-funden, wenn sie als Palästinenser bezeichnet wurden, und: Das, was sie 1947 und auch in den Jahren danach mehrfach und vehement abgelehnt haben, wollen sie ein paar Jahre später doch haben? Die Politik ist kein Wunschkonzert."

In einigen Fällen, wie etwa in Hebron, ist der Beginn der Siedlertätigkeit tatsächlich eine Heimkehr in alte jüdische Wohn-gebiete. Die Stadt hatte vor allem nach der Vertreibung der Juden aus Spanien 1492 eine starke Gemeinde und zählte neben Jerusalem, Tiberias und Safed zu den vier heiligen Städten des Judentums. Lange Jahre gab es ein weitgehend konfliktfreies Nebeneinander von Juden und Muslimen. Diesem bereitete der Aufruf des damaligen Muftis, Scheich Amin al Husseini, 1929 ein Ende. Er hatte von den Minaretten aus dazu aufgerufen, die Juden wie Tiere zu schlachten.

67 Juden wurden hingemeuchelt, zahlreiche verletzt. Viele überlebten auch nur, weil ihnen arabische Nachbarn, die sich nicht hatten aufhetzen lassen, Schutz gewährten. Jedenfalls führte das Massaker dazu, dass die Briten 1936 die jüdische Gemeinde evakuierten. Wenige Monate nach dem Sechstagekrieg kehrten Juden wieder nach Hebron zurück. Sie feierten dies als Heimkehr in die alte Heimat. Die Frage, die sich daraus ergibt und die in mehreren Siedlungen zu stellen ist, lautet: „Wie lange darf man die Geschichte zurückdrehen, um daraus aktuelle politische Forderungen abzuleiten?"

Eine ganz andere Situation als der Sechstagekrieg erbrachte der Jom-Kippur-Krieg, bei dem es am 6. Oktober 1973 der ägyptischen Armee gelang, die israelischen Streitkräfte zu überrumpeln. An diesem höchsten israelischen Feiertag überschritten die Ägypter den Suez-Kanal, überrannten die Verteidigungsanlagen der Israelis, während im Norden die Syrer einen Großteil der Golanhöhen eroberten. Innerhalb weniger Tage wurden Tausende israelische Soldaten getötet, verwundet oder gefangen genommen. Nach sechs Jahren, in denen sich das Land in einem Zustand der Unbesiegbarkeit wähnte, drohte nun die bittere Niederlage. So unterschiedlich die Erfahrungen mit den beiden Kriegen waren, so sehr wirkten sich beide auf die Siedlungsthematik aus. War es einmal der Siegesrausch gewesen, der die national-religiösen Kräfte entfacht hatte, so war es nun die Frage der bedrohten Sicherheit, deretwegen man glaubte, kein Territorium aufgeben zu können. Tatsächlich genehmigte die sozialdemokratisch geführte Alleinregierung – und nicht, wie oft behauptet, der siedlerfreundliche Likudblock – die ersten Siedlungen. Sie sollten an der langen Grenze zu Jordanien Wehrdörfer bilden.

Galten die Siedler von „Gusch Emunim" nach 1967 als radikale Randerscheinung in der Gesellschaft Israels, so rückten sie nach 1973 mehr und mehr in deren Mitte. Sie nahmen für sich in Anspruch, die Erben der alten sozialistischen Gründergeneration zu sein, die mittlerweile amtsmüde und korrupt geworden war und die durch die Bedrohung des Jom-Kippur-Krieges einen enormen Imageverlust erlitten hatte.

Die Siedler mit ihren gehäkelten Kippas, ihren Flanellhemden und den darunter hervorstehenden Gebetsschnüren, ihren leichten Bergschuhen und den weiten Kakihosen sahen sich als die idealistische, messianische Pionierbewegung, die das Land schützen wollte. Sie waren die Erben jener Pioniere, die Jahrzehnte zuvor den Staat aufgebaut hatten.

Potenziert wurden das Trauma des Oktober 1973 auch noch durch die internationalen Entwicklungen. Durch die Aufgabe Südvietnams durch die USA und erst recht durch die Rückgabe des Sinai 1979 an Ägypten fürchtete Israel, ein Spielball der Großmächte zu werden.

In den 1980er- und 1990er-Jahren hat in Israel das Schlagwort regiert: „Frieden gegen Land." Man war durchaus bereit, den Palästinensern Zugeständnisse zu machen. Der Rückzug aus dem Gaza-Streifen unter Premier Ariel Scharon, einem einst radikalen Siedler-Befürworter, im Jahre 2005 und der bereits fünf Jahre zuvor erfolgte Abzug aller israelischen Truppen aus dem Südlibanon brachte Israel aber nur den Beschuss durch Tausende Raketen ein. In den nahe dem Gaza-Streifen gelegenen Orten wie Sderot, wo die meisten Geschosse niedergehen, hat man heute eine Vorwarnzeit von weniger als einer Minute. Zu wenig Zeit, um Kleinkinder oder auch ältere Bewohner in sichere Unterkünfte zu bringen.

Israel ist, was die Frage der besetzten Gebiete angeht, nach all den Jahren der Bemühungen, der Rückschläge, der Ermahnungen und der guten Ratschläge aus dem Westen, aber auch durch die eigene Selbstzufriedenheit müde geworden. Das zeigt sich auch daran, dass in den Wahlkämpfen der letzten Jahre nicht mehr Friedensthemen, sondern Sicherheitsthemen den Ton angaben. Ein Austausch mit palästinensischen Politikern findet kaum noch statt, vor allem, weil die in Gaza regierende Hamas sich ihr politisches Überleben mit dem Slogan der Vernichtung Israels sichert. Und auch mit den Vertretern der PLO findet man kaum eine Basis, denn selbst dort ist Israel höchst negativ besetzt. Und in vielen Fällen wird der Judenstaat völlig ignoriert. So gibt es bis heute arabische, von der EU mitfinanzierte Schulbücher, in denen weder Israel noch die Shoa vorkommen, in denen die Juden als Feinde des Propheten Mohammed dargestellt werden und in denen die jüdische Geschichte im Land, und vor allem in Jerusalem, völlig negiert und geleugnet wird. Dafür werden die „Märtyrer", die möglichst viele Juden bei Selbstmordattentaten umbrachten, gelobt und als Vorbilder dargestellt.

Auf der anderen Seite haben auch die jungen Israelis nach dem Bau der Trennungsmauer zur Westbank hin keine Vorstellung mehr von der Lebenswelt der Araber. Für die junge, lebenslustige und höchst erfolgreiche Generation in Tel Aviv ist der Nahost-Konflikt so weit entfernt wie jener zwischen dem Nord- und dem Südsudan. Dementsprechend werden die täglichen Querelen auch nicht mehr in der Realität wahrgenommen, sondern nur mehr über die Medien konsumiert.

Der Kontaktverlust in der Alltäglichkeit führt zu einem raschen Aufbau von Feindbildern, die auch nur selten korrigiert werden können. Einer, der sich darum intensiv bemüht hat, war Mohammed Dajani Daoudi von der Ost-Jerusalemer Al-Quds-Universität. Zusammen mit der Friedrich-Schiller-Universität in Jena und der Ben-Gurion-Universität in Beer Sheba initiierte er ein Studienprogramm zum Thema gegenseitiges kulturelles Lernen. Die Idee war, palästinensischen Studenten die Konzentrationslager von Auschwitz zu zeigen, um ihnen so die Ängste der Israelis verständlich zu machen. Zugleich sollten Studenten aus Tel Aviv in das Flüchtlingslager Deheishe nahe Bethlehem fahren, um die Lebensbedingungen der Palästinenser, die im Krieg von 1948 aus ihren Häusern vertrieben worden waren, kennenzulernen. Im März 2014 machte sich Dajani mit 27 Studenten nach Polen auf – die innerpalästinensischen Folgen waren furchtbar. Der renommierte Professor wurde als „Verräter" beschimpft und der „Kollaboration" mit den Israelis bezichtigt. Ein Vorwurf, der in der arabischen Gesellschaft sehr gefährlich sein kann.

Ich versuchte Professor Dajani von meinem israelischen Handy aus mehrfach anzurufen, er hob nie ab. Ich erkundigte mich bei seinem Cousin, ob er im Lande sei, was mir dieser versicherte. Dann versuchte ich es mit einem Trick: Ich benutzte in Jerusalem

SIND DIE JUDEN EIN AUSERWÄHLTES VOLK?

*Die Antwort finden
Sie auf Seite 132.*

mein österreichisches Mobiltelefon. Nach dem zweiten oder dritten Läuten meldete sich Dajani. Auf meine Frage, warum er auf die israelische Telefonnummer nicht reagiere, sagte er: „Ich bin müde, beschimpft und verunglimpft zu werden, nur weil ich ein international anerkanntes, akademisches Studienprogramm umsetzen wollte." Mehr wollte Dajani dazu nicht sagen, er habe in dieser Sache schon genug gelitten. Tatsächlich kündigte der Rat der Professoren an der arabischen Universität im Mai das Dienstverhältnis Dajanis, wenige Monate später ging vor seinem Haus sein Auto in Flammen auf. Da ist es nur allzu verständlich, dass Dajani in dieser Sache keine Interviews mehr geben wollte.

In Europa ist man versucht, beide Seiten des Konflikts als Gesellschaften mit einem annähernd gleich hohen Entwicklungsgrad zu sehen. Das gilt – Dajani ist nur eines von vielen Beispielen – sicher nicht in Bezug auf die Selbstreinigungskräfte in der jeweiligen Gesellschaft. In Israel gibt es zahlreiche Initiativen – von „Women in black" über „Jesch Gwul" bis zu „Breaking the Silence" oder „B'Tselem" –, die mit Hartnäckigkeit und Ausdauer die Besatzungspolitik und deren Folgen anklagen. Sie scheuen sich nicht darzustellen, wie Siedler – oft unter Duldung staatlicher israelischer Institutionen – in arabischen Dörfern Olivenbäume ausreißen. Wie man den Palästinensern das Wasser abdreht oder wie Siedler provokant und auch bedrohlich mit ihren arabischen Nachbarn umgehen.

Auf arabischer Seite gibt es hingegen oft nur Einzelinitiativen, die sich um Vermittlung und Aussöhnung bemühen. Diese haben es mangels Rückhalt in der eigenen Gesellschaft extrem schwer. Deswegen versuchen sie oft auch nur, die soziale Situation innerhalb der eigenen Gesellschaft zu verbessern, und sparen große politische Visionen aus.

Es mag zynisch klingen, aber es dürfte stimmen: Der Konflikt wird vermutlich noch viele Opfer fordern, auf beiden Seiten.

◆◇

SIND ARABER IN ISRAEL AUCH PALÄSTINENSER?

WANN IMMER sich der emeritierte griechisch-katholische Bischof von Galiläa Elias Chacour vorstellt, sorgt er für Verwirrung: „Ich bin Israeli und Araber, Palästinenser und Christ."

Wie kann man das alles zugleich sein? Sind das nicht sich ausschließende Gegensätze? Das sind die Fragen, die verständnislose Besucher ihm häufig stellen. Die Antwort liegt in der wechselhaften Geschichte des Landes. Chacour kam 1939 als Kind arabischer Eltern, die sich zum Christentum bekannten, in Palästina zur Welt. Er wuchs im kleinen Dorf Gisch auf, das nach dem Waffenstillstand von 1949 zu Israel gehörte. Damit vereint Chacour all diese politischen und religiösen Identitäten in sich.

Im heutigen Staat Israel sind knapp 20 Prozent der neun Millionen Einwohner Araber. Sie sind israelische Staatsbürger, haben offiziell die gleichen Rechte und Pflichten wie die jüdischen Israelis, mit einer Ausnahme: Sie müssen nicht zum Militär. Sie können das freilich, wenn sie es wollen. Vor allem eine kleine Gruppe arabischer, griechisch-orthodoxer Christen aus Nazareth befürwortet den Militärdienst. Ihr Argument: Israel sei ihre Heimat, die sie im Notfall auch verteidigen müssten. Diese Ansicht teilen allerdings nur wenige Araber. 82 Prozent der israelischen Araber geben zwar an, dass sie lieber in diesem Land als in jedem anderen leben, aber nur 24 Prozent haben „patriotische Gefühle" für Israel entwickelt.

Diese Beziehungslosigkeit spiegelt sich in der Beteiligung bei Parlamentswahlen wider. Sie liegt deutlich unter der Quote der jüdischen Israelis. So werden die 20 Prozent der israelisch-arabischen Bevölkerung von nur acht bis maximal zehn Abgeordneten in der Knesset mit ihren 120 Sitzen vertreten. Wahlverweigerung ist Ausdruck einer Frustration, die über die Jahre gewachsen ist, und des Bewusstseins, dass Israel nicht ihr Staat ist. Die ältere Generation nimmt den Staat als unveränderlich hin. Man versucht, ein Maximum an sozialen Leistungen zu bekommen. Die jüngere Generation hingegen zeigt Tendenzen zu einer immer stärkeren Islamisierung, deren Ziel die Zerstörung Israels und die Schaffung eines islamischen Staates ist.

Tatsächlich ist es schwer, sich als Muslim oder als arabischer Christ mit einem Staat zu identifizieren, dessen Feiertage und Kalender jüdisch sind, dessen Flagge einem religiösen Symbol, dem Gebetsschal der Juden, nachempfunden ist und dessen Nationalhymne ausschließlich die jüdische Identität hochhält, wenn es im Text heißt: „Solange noch im Herzen drinnen, eine jüdische Seele wohnt, und nach Osten hin, vorwärts, das Auge nach Zion schaut. Solange ist unsere Hoffnung nicht verloren, die uns zweitausend Jahre verband: Zu sein ein freies Volk, in unserem Land, im Lande Zion und in Jerusalem."

Zu der weltanschaulichen Distanz kommt bei den Arabern auch noch die Diskriminierung im Alltag. Obwohl sie einen israelischen Reisepass besitzen und die meisten von ihnen perfekt Hebräisch sprechen, kommt es vor, dass sie am Flughafen strenger kontrolliert werden als ihre jüdischen Mitbürger. Ein arabischer Sanitäter in einem jüdischen Krankenwagen erzählte mir, dass ein auf der

Straße liegendes Unfallopfer zu ihm sagte: „Ich bin froh, dass Sie Jude sind. Von einem Araber würde ich mir nie helfen lassen." Dazu muss man wissen, dass der Araber Moadaz wie ein orientalischer Jude aussieht.

Die Araber Israels fühlen sich als Bürger zweiter Klasse. In den „gemischten" Städten wie Jerusalem (30 Prozent Araber), Jaffa, Akko und Lod (je 20 Prozent) ist es so, dass die Gruppen zwar zusammenleben, aber dennoch unter sich bleiben. Einzig in Haifa (15 Prozent Araber), so bestätigen beide Seiten, sei es anders. Dort wehrte sich ein sozialistischer Bürgermeister erfolgreich gegen die auf nationaler Ebene erfolgte Polarisierung der Gesellschaft. In der Industriestadt gibt es in allen öffentlichen Bereichen erfolgreiche Kooperationsprojekte. Eines davon, das allerdings aufgrund einer privaten Initiative bereits vor vier Generationen entstand, ist das am Strand südlich von Haifa gelegene „Maxim". Das Restaurant, das sich im Besitz einer jüdischen und einer arabisch-christlichen Familie befindet, wurde im Oktober 2003 während der zweiten Intifada Ziel eines Terroranschlags. Eine arabische Juristin suchte das Lokal mit einem Taxifahrer auf, lud den Mann zum Essen ein, schickte ihn dann weg und zündete hierauf eine Bombe. 19 Tote, darunter fünf Kinder und über 50 Verletzte waren die traurige Bilanz. Das Motiv: Die Frau wollte ein Zeichen gegen die Kooperation von Arabern und Juden setzen. Es ist vielfach belegt, dass jene, die zwischen den politischen Gruppierungen oder den Religionen Brücken schlagen wollen, es in diesem Land sehr schwer haben. Sie werden als „Verräter" beschimpft, angespuckt, mit dem Tod bedroht oder tatsächlich ermordet. In allen anderen Städten des Landes hätte man das schwer beschädigte Lokal vermutlich geschlossen. Nicht so in Haifa. Das „Maxim" wurde als „politisches Zeichen, dass wir uns nicht unterkriegen lassen", wiedereröffnet.

Die arabischen Israelis oder „die Araber von 1948", wie sie auch genannt werden, sind die Überlebenden und deren Nachkommen, die 1948 nicht aus jenen Gebieten geflohen sind, die zum Staat Israel wurden. Das waren etwa 160.000 Personen. Rund

700.000 zogen es vor, sich in Jordanien, im Gaza-Streifen oder in der Westbank in Sicherheit zu bringen. Vor allem suchte die Mittel- und die Oberschicht, zu der auch die religiösen Führer gehörten, das Weite. Jene, die zurückblieben, waren oft ungebildet und führungslos. Sie hatten auch keine gesellschaftlichen Institutionen, an die sie sich hätten wenden können. In dem neuen Staat fanden sie sich als unorganisierte Minderheit wieder, während die Juden die Mehrheit stellten – eine für beide Seiten ungewohnte Situation. Bis heute diskutieren israelische Historiker heftig darüber, wie viele der 700.000 Araber tatsächlich geflüchtet sind und wie viele systematisch vertrieben wurden. Unbestritten ist, dass ebenso viele Juden aus arabischen Ländern vertrieben wurden, die sich dann in Israel ansiedelten.

Die 48er-Araber suchen noch immer nach ihrer Identität. Diese ist bis heute unklar. So sehen sich 43 Prozent der Muslime als „palästinensische Araber", aber nur 24 Prozent der Christen wollen sich so ansprechen lassen. 26 Prozent der Christen bezeichnen sich als „christliche Israelis" und 23 Prozent als „arabische Israelis".

Um zwischen den einzelnen politischen und ethnischen Gruppierungen in Israel-Palästina unterscheiden zu können, hat sich in den deutschsprachigen Medien folgende Sprachregelung eingebürgert: Als Palästinenser werden Araber in der Westbank (im Westjordanland) und im Gaza-Streifen bezeichnet. Die in Israel lebenden Araber fallen nicht unter diese Bezeichnung. Wenn sich diese selbst als Palästinenser bezeichnen, dann ist dies eine klare politische Stellungnahme in Richtung PLO oder Hamas. Auch Juden, die vor der Gründung des Staates Israel im Land geboren wurden, können sich zu Recht als Palästinenser bezeichnen, wurden sie doch in Palästina geboren. Man sieht: Im Nahen Osten bleibt bis auf Weiteres alles sehr kompliziert.

Der Anteil der Christen in Israel beträgt nur zwei Prozent, wobei die Christen auch keinen konfessionell geschlossenen Block bilden, sondern in mehrere Dutzend Kirchen und „Denominationen" aufgespalten sind. Zu den arabischen Christen, die die Mehrheit bilden, kommt eine wachsende Zahl von Gastarbeitern von den Philippinen.

Eine Gruppe, die sich aus politischen Gründen mit ihren arabischen Glaubensbrüdern schwertut, sind die christlichen Einwanderer aus dem ehemaligen Ostblock. Oft sind sie Angehörige aus Mischehen mit Juden. Sie fühlen sich den hebräisch sprechenden Kirchen zugehörig.

Die Christen stellen eine extreme Minderheit innerhalb der arabischen Minderheit des Staates Israel dar. Das reduziert ihren gesellschaftlichen Einfluss. Nur in zwei Bereichen sind sie dennoch das „Salz der Erde": im Sozial- und im Bildungsbereich.

WARUM HAT ISRAEL AUSREICHEND WASSER?

BETRACHTET MAN die geografischen und klimatischen Rahmenbedingungen Israels, dann ist dies in der Tat verwunderlich. Mehr als die Hälfte des Landes ist Wüste, in manchen Regionen, wie in der Arava, beträgt der Niederschlag im Jahresschnitt gerade einmal 30 Millimeter. Dazu kommt, dass Israel ein Einwanderungsland ist und jener Staat der westlichen Welt mit der höchsten Geburtenrate. Der Wasserbedarf steigt also ständig.

Um die Jahrtausendwende lag die Einwohnerzahl noch bei 6,3 Millionen, derzeit sind es bereits 8,8 Millionen. Zugleich sind aber die mehrsprachigen Hinweise in den Badezimmern der Hotels verschwunden, man möge nur kurz duschen, denn Wasser ist seit wenigen Jahren keine Mangelware mehr. Das ist auf drei Säulen des Wassermanagements zurückzuführen: die extrem hohe Recyclingrate, die Gewinnung von Trinkwasser aus dem Mittelmeer und eine kluge Bewässerungspolitik in der Landwirtschaft.

Begonnen hat alles mit einer Krise. Vor knapp zwei Jahrzehnten gab es mehrere Jahre, in denen wenig Regen fiel. Allein 2008 musste man unter größten Anstrengungen ein Defizit von einer Milliarde Kubikmetern auffüllen. Die Überlegung, Wasser zu kontingentieren, dabei aber der Landwirtschaft Sonderkonditionen einzuräumen, wäre naheliegend gewesen. Israel ging aber einen anderen Weg: Es hob den Wasserpreis – für alle Nutzer gleich – um 40 Prozent an, was zu einer Einsparung von 16 Prozent führte. Dabei ist der Durchschnittsverbrauch ohnedies nicht dramatisch hoch: Er liegt bei etwa 180 Kubikmeter pro Person und Jahr, in den USA ist er neunmal so hoch.

Zur Preispolitik, die mit Privilegien in der Landwirtschaft aufräumte, kamen etliche staatliche Begleitmaßnahmen, wie etwa die Wiederverwertung von Abwasser. Israel ist in diesem Punkt mit 85 Prozent unbestrittener und auch uneinholbarer Weltmeister, denn auf Platz zwei der weltweiten Statistik rangiert Spanien mit nur 25 Prozent. Im Großraum Tel Aviv mit seinen knapp drei Millionen Einwohnern und 7000 Unternehmen werden sogar einhundert Prozent der Abwässer in Shafdan am Mittelmeer, der größten Anlage ihrer Art im Land, wiederaufbereitet. 130 Millionen Kubikmeter werden hier jährlich gefiltert und durch Bakterien gereinigt. Danach wird das Wasser auf riesige Sandflächen ausgebracht, wo es monatelang verrieselt und so zusätzlich eine natürliche Reinigung vollzieht. Wieder an die Oberfläche gepumpt, hat dieses Wasser beinahe Trinkwasserqualität. Tatsächlich wird es aber nur in der Landwirtschaft verwendet. Zurzeit erforscht man, wie die aus den Abwässern herausgefilterten Feststoffe in Biogasanlagen verarbeitet werden können. Abfall dient als Energielieferant.

Die zweite Maßnahme Israels zur Versorgungssicherheit war jene, Wasser mittels riesiger Entsalzungsanlagen aus dem Mittelmeer zu gewinnen. Von den zwölf größten derartigen „Wasserfabriken" der Welt stehen fünf in Israel. In ihnen wird mittels Umkehrosmose Trinkwasser produziert. In einer Filteranlage wird das Meerwasser unter sehr hohem Druck durch eine Röhre gepresst, die mit Tausenden Kunststoffmembranen ausgestattet ist. Dadurch trennt sich das Meerwasser in sauberes Trinkwasser und hoch konzentriertes Salzwasser, das wieder ins Meer gepumpt wird. Diese technisch komplexen Anlagen sind sehr teuer. Allein der Bau der südlich von Tel Aviv gelegenen Anlage von Sorek, in die stündlich von sieben Motoren 54.000 Kubikmeter Wasser gepumpt werden, kostete 550 Millionen Euro. Von Sorek aus werden aber mittlerweile 1,5 Millionen Israelis täglich mit Frischwasser versorgt. Insgesamt sind es bereits 40 Prozent des gesamten Wasserbedarfs des Landes, der über Entsalzung aus dem Meer gewonnen wird. Trotz der hohen Investitionskosten rechnet sich die Methode: So konnte der Preis für Wasser aus dem Meer in den letzten 30 Jahren um etwa zwei Drittel gesenkt werden.

Kostengünstige Produktion ist die eine Seite, ein geringer Verlust im Wassernetz die andere. Um nun undichte Stellen in den Rohren aufzuspüren, bedient man sich in der 900.000-Einwohner-Stadt Jerusalem einer besonderen Technologie: An Hydranten, aber auch an zahlreichen öffentlichen Gebäuden wie Gotteshäusern aller Konfessionen und Museen, wurden kleine Detektoren angebracht. Mittels Breitbandtechnologie und GPS können damit Lecks geortet werden. Damit wird der Wasserverlust im Netz der heiligen Stadt mit etwa elf Prozent extrem niedrig gehalten. Zum Vergleich: In London versickern 25 Prozent des Wassers ungenutzt, in Sofia sind es sogar 62 Prozent.

Das größte Einsparungspotenzial hat Israel in der Landwirtschaft geschaffen, deren Produktion einen ganz besonderen sicherheitspolitischen Aspekt hat. Denn Israel muss 100 Prozent seiner Nahrungsmittel selbst produzieren. Ein Import aus den Nachbarländern ist kaum möglich, da sich diese entweder mit Israel im Kriegszustand befinden (Syrien, Libanon) oder selbst eine sehr instabile Versorgungslage haben. Dies gilt sowohl für Ägypten als auch für Jordanien. Und Importe aus Europa könnten in Krisensituation sehr schwierig sein. So liegt der Index der Nahrungsmittelproduktion in den letzten Jahren stets zwischen 100 und 110.

Wie überall auf der Welt, so ist auch in Israel die Landwirtschaft der größte Wasserverbraucher. Deshalb liegt hier auch das umfangreichste Einsparungspotenzial. Lange Jahre hat man mit Sprinkleranlagen Felder bewässert, bis man verstanden hat, dass bei dieser Methode bis zu 30 Prozent des Wassers ungenutzt verloren gehen. Die absolute Optimierung hat man mit der Wurzelbewässerung mittels Tropfen geschafft, die bei einem minimalen Wasserverlust von nur vier Prozent zudem einen deutlichen Zuwachs an Ernteerträgen zeigt. Die neueste Technologie der Tröpfchen-Bewässerung geht sogar so weit, dass sich die Pflanze bei Bedarf jene Menge Wasser selbst holt, die sie braucht. Diese Methode bringt gegenüber der ursprünglichen Flutung der Felder, wie sie Jahrtausende lang im Orient betrieben wurde und heute noch in der arabischen Welt betrieben wird, eine Wasserersparnis von 70 Prozent.

Aber sparen will man auch bei jeder Pflanze. Sie soll den vollen Ertrag bringen, aber sie soll kein überschüssiges Blattwerk haben, das ernährt werden muss. So züchtet man Getreide, dessen Halmlänge halbiert wurde, und Tomaten, die gerade so viele Blätter haben, wie die Pflanze zum Wachstum und zur Beschattung ihrer Früchte braucht. Blätter, die nur wuchern, ohne Funktion sind und die über einen Verdunstungsprozess nur Wasser abgeben, gibt es keine mehr.

Faszinierend sind jene Tomaten, die tief rot in ihrer Farbe und prall in ihrer Form, aber dennoch nicht erntereif sind. Denn sie werden erst gepflückt, wenn sie am Stock verschrumpelt sind, nachdem sie bis zu einem Drittel ihres Gewichts verloren haben. Die verbleibende Tomate schaut nicht besonders appetitlich aus, sie schmeckt aber intensiver und sie hat vor allem einen großen Vorteil: Sie wiegt weniger und braucht daher weniger Transportvolumen, wenn sie für die Erzeugung von Pizzasauce in Lebensmittelcontainern nach Italien exportiert wird. Das spart Geld und erhöht die Konkurrenzfähigkeit gegenüber Spanien.

Die Wissenschaft im Bereich des Wassermanagements und der Landwirtschaft lohnt sich, denn Israel – und nicht etwa Holland oder Dänemark – hat Kühe mit dem höchsten Milchertrag pro Jahr. In Israel wird auch etwa die Hälfte der Küchenkräuter des europäischen Marktes produziert. Aus der Wasser-Landwirtschaftsforschung haben sich aber auch noch andere, höchst nützliche Erkenntnisse ergeben. Etwa, dass Minzöl Erdäpfel am Austreiben hindert oder Öle und Wasser auf Gurken und Beeren vor Schädlingen schützen.

Durch die Ertragssteigerung hat Israel es geschafft, seine landwirtschaftlichen Flächen sogar zu reduzieren. Man hat verstanden, dass selbst die Wüste eine Wüste bleiben darf. Worum es geht, ist die richtige Bewässerung. Wer südlich des Toten Meers im Kibbuz Hatzeva gesehen hat, wie auf sandigem Wüstenboden nicht nur wunderbare Blumen wachsen, sondern auch noch Reis gedeiht, der hat verstanden, dass Israel auf einem guten Weg ist. Der Erfolg hat sich aber nicht per Zufall eingestellt, sondern ist das Ergebnis intensiver wissenschaftlicher Forschung. Diese ist nicht in ein paar großen Forschungsanstalten zentralisiert, sondern regionalisiert. So arbeitet eine Crew von Wissenschaftlern am Toten Meer und eine andere Crew nur 40 Kilometer südlich davon. Die eine macht Versuche in der Wüste, aber mit einer hohen Verdunstungsfeuchtigkeit, die andere in einem völlig trockenen Wüstenklima.

Viele dieser Forschungserkenntnisse, die für Israel bedeutsam sind, könnten es aufgrund derselben klimatischen Bedingungen auch für den arabischen Raum sein. Zahlreiche arabische Staaten lehnen aber nach wie vor jeden Kontakt zu Israel ab. Das hat die Israelis dazu bewogen, Tochterfirmen in Europa zu gründen, die dieselben Produkte der Bewässerungstechnologie – allerdings unter einem anderen Namen – in arabische Länder verkaufen.

All das lässt den Reisenden staunen. Wenige können glauben, dass es selbst in der Wüste Negev mehr als genug Wasser gibt. Und zwar so viel, dass man die ganze Region begrünen und mehrere Jahrhunderte bewässern könnte. Die Erklärung: Das Wasser ist etwa 30.000 Jahre alt und stammt aus einer Zeit, in der die Region noch ausreichend Niederschlag hatte. Gesammelt hat sich dieses Wasser in der doppelten Menge des Bodensees in etwa 1000 Metern unter der Erdoberfläche. Südlich der Wüstenstadt Beer Sheba gibt es ein Forschungszentrum, in dem dieses leicht salzhaltige, fossile Wasser in unterschiedlichsten Bereichen Verwendung findet. Wegen der relativ hohen Temperatur von knapp 40 Grad, mit der es an die Oberfläche gepumpt wird, nutzt man es zunächst, um Glashäuser zu beheizen. Nach einer Abkühlungsphase auf etwa 27 Grad kommt es in große Becken, wo Barramundi gezüchtet werden. Dies sind australische Riesenbarsche, die ein Gewicht von bis zu 60 Kilogramm erreichen. Danach wird das Wasser in Becken mit Petrusfisch umgeleitet, der die Ausscheidungen der Barramundi frisst. Auch Aale, aber auch Zierfische werden in diesem leicht salzhaltigen Wasser gezogen, von dessen Gesamtmenge täglich drei Prozent erneuert werden müssen. Aber auch das auszuscheidende Wasser ist nicht nutzlos: Damit werden unter anderem Olivenbäume, Tomaten, Melonen, Weinstöcke oder auch Mandelbäume bewässert. Natürlich gefällt dies den Pflanzen nicht. Sie bleiben kleinwüchsig, und klein bleiben auch ihre Früchte. Sie „wehren" sich geradezu dagegen, was zu einem erhöhten Zuckergehalt in den Früchten führt. Mit einem Wort: Die Früchte schmecken intensiver als solche, die mit reinem Wasser gezogen werden.

In der Wüste werden mit dem Wasser, von dem man lange gedacht hatte, es sei wegen seiner Versalzung unbrauchbar, Hunderte Tonnen Fisch gezüchtet und es wird Gemüse und Obst von höchster Geschmacksintensität produziert. Das kleine Problem dabei: Der Aal, der so in der Wüste gedeiht, hat keine Schuppen. Damit ist er nicht koscher und somit für den Verzehr durch fromme Juden nicht geeignet. Die Fische werden deshalb nach Japan exportiert, wo man Höchstpreise dafür bezahlt.

Die meisten Staaten der Erde – so auch Österreich – ignorieren die Notwendigkeit eines weitsichtigen Wassermanagements. In Dürrejahren hofft man auf niederschlagsreiche Jahre und betrachtet jene Sommer, in denen die Feldfrüchte verdorren oder das Vieh bereits im August von den Almen abgetrieben werden muss, als

Schicksalsjahre. Den Bauern, die am Rande ihrer Existenz stehen, räumt man billige Kredite ein und hofft, dass sich die Lage bald von selbst bessern wird. Statt gesamtstaatlicher Konzeptionen denkt man regional. Inzwischen läuft weiter Trinkwasser durch unsere Toiletten und Autowaschanlagen. Es wird zum Rasensprenkeln und Befüllen von Schwimmbädern verwendet. Und man hofft auf mehr Niederschläge. Israel zeigt vor, dass es auch anders geht.

JUDENTUM
CHRISTENTUM
ISLAM

◆

WORAN GLAUBEN JUDEN?

DIE ANTWORT ist so einfach, wie sie auch umfassend ist: an Gott. Juden glauben an keine Glaubensgemeinschaft, keine institutionalisierte Religion, wie dies die Christen mit ihren Kirchen tun. Juden haben auch keine oberste Lehrautorität, keinen Papst, keine Dogmen. Selbst ein allgemein gültiges und verbindliches Glaubensbekenntnis ist ihnen fremd. Sie glauben einfach an einen einzigen Gott. „Höre Israel! Der Herr, unser Gott, der Herr ist einzig." Das ist die einfache Formel, die alle Juden eint.

Dieser seit aller Ewigkeit existierende Gott ist der Herr aller und von allem, weil er das Universum erschaffen hat. Er ist dem Volk Israel in besonderer Weise verbunden, weil er sich diesem gegenüber in mehreren Bundesschlüssen verpflichtet hat: im Bund mit Noah, im Bund mit Abraham und im Bund mit Mose am Sinai. Äußeres Zeichen für diese Bundestreue ist die Beschneidung der neugeborenen Buben. Gott hat hingegen seine Bundestreue mit der ewigen Zusage verknüpft, sein Volk durch die Geschichte zu begleiten: „Der Herr zog vor ihnen her, bei Tag in einer Wolkensäule, um ihnen den Weg zu zeigen, bei Nacht in einer Feuersäule, um ihnen zu leuchten" (Exodus 13,21). Israel begreift sich als das besondere Eigentum Gottes.

Im Zentrum des religiösen Lebens steht die Tora, das sind die fünf Bücher Mose: Genesis, Exodus, Levitikus, Numeri und Deuteronomium. In dieser Tora sind die 613 Gesetze festgeschrieben, die das Leben der Juden regeln. Darunter fallen die Speisevorschriften ebenso wie die Reinheitsgesetze und das Gebot, den Schabbat zu halten. Betrachtet man die 613 Vorschriften genauer, dann sind es nach der Zahl der Knochen im Körper 248 Gebote und nach der Zahl der Tage im Jahr 365 Verbote. Viele davon betreffen den Tempel in Jerusalem und werden seit dessen Zerstörung im Jahr 70 nach Christus nicht mehr praktiziert.

Die Tora wird an jedem Schabbat in der Synagoge laut vorgetragen, sodass man sie im Ablauf eines Jahres zur Gänze gelesen hat. Am Tag des letzten Abschnitts, an dem auch wieder mit der Erschaffung der Welt (Genesis 1,1) begonnen wird, um die immerwährende Kontinuität zu belegen, steht Simchat Tora – das Fest der Torafreude. Fromme Juden nehmen die Schriftrollen aus dem Toraschrein und tanzen unter lautem Jubel und fröhlichem Gesang damit in der Synagoge oder auf den Straßen.

Wer Simchat Tora nicht erleben kann, für den genügt ein Blick in die Bibel, um die Freude Israels an den Geboten Gottes zu verstehen. Dort heißt es in Psalm 1: „Selig der Mann, … der Gefallen hat an der Weisung des Herrn, bei Tag und bei Nacht über seine Weisung nachsinnt. Er ist wie ein Baum, gepflanzt an Bächen voll Wasser, der zur rechten Zeit seine Frucht bringt und dessen Blätter nicht welken." Das „Gesetz" ist ein Quell der Freude und nicht – wie dies lange von der christlichen Theologie behauptet wurde – eine schwere Bürde.

Die Tora, das Herzstück des Judentums, wird inniglich verehrt. Weil sie Gottes Wort ist, aber auch, weil die Rollen, auf denen sie geschrieben ist, sehr wertvoll sind. Jede Tora wird von einem Toraschreiber in mehrmonatiger Arbeit von Hand kopiert. Dies ist nicht nur eine handwerkliche Arbeit, die Perfektion verlangt, sondern auch eine spirituelle Tätigkeit. Sie ist im Christentum durchaus dem „Schreiben einer Ikone" vergleichbar. Oberste Priorität hat für den Toraschreiber die getreue Wiedergabe des Textes, um ja nicht vom Urtext abzuweichen, der ursprünglich im Tempel gelegen hat. Daneben hat er auf die Reinheit des Materials zu achten. Es dürfen prinzipiell nur die Häute von kosheren Tieren verwendet werden, die auch zum Verzehr freigegeben sind. Natürlich muss auch die Tinte koscher sein. Manche der Toraschreiber geben einen Tropfen Honig hinein, denn das Wort Gottes ist süß.

Ist eine Torarolle nach jahrhundertelangem Gebrauch dennoch abgenutzt, so wird sie in einem jüdischen Friedhof bestattet oder in einem kleinen, fensterlosen Raum in der Synagoge, der Genisa, würdevoll „beigesetzt".

Nach Auffassung der orthodoxen Juden hat sich Gott Mose auf dem Berg Sinai in zweifacher Weise offenbart: in der schriftlichen Tora und in der mündlichen Tora, der Mischna. Diese befasst sich hauptsächlich mit der Auslegung der schriftlichen Tora. Zugleich bildet die Mischna die Basis für weitere Diskussionen unter den rabbinischen Gelehrten. Diese schriftlichen Diskussionen bilden zusammen mit der Mischna den Talmud. Von diesem existieren zwei Fassungen: jene aus Jerusalem und jene aus Babylon. Das Judentum der Diaspora hat eben eine andere Entwicklung als das Judentum im Land Israel genommen. Beide Fassungen sind nebeneinander gültig.

Das Allerheiligste der heiligen Tora ist der Name Gottes. Aus Ehrfurcht vor dem erhabenen Schöpfer sprechen die Juden seinen Namen nicht aus. Solange der Tempel in Jerusalem bis ins Jahr 70 n. Christus existierte, durfte nur ein Mann an einem Tag im Jahr im Allerheiligsten den Namen Gottes JHWH (Jahwe) aussprechen: Dies war der Hohepriester am Großen Versöhnungstag. So viel Heiligkeit und so viel Ehre, nämlich als einzelne Person das ganze Volk Israel vor dem großen Gott vertreten zu dürfen, hätte allerdings dazu führen können, dass der Hohepriester überwältigt zusammenbricht. Weil nun aber kein anderer Mensch außer ihm das Allerheiligste betreten durfte, er aber auch nicht dort hätte liegen bleiben können, band man ihm ein Seil um den Bauch. Daran hätte er im Notfall herausgezogen werden können.

Um den Unaussprechlichen doch irgendwie bezeichnen zu können, verwenden die Juden Umgehungsnamen. So wird Gott als „Adonai", als „Herr", bezeichnet oder auch als „Elohim", „Der Herr, mein Gott". Auch von Gott Zebaoth, dem Herrn der Heerscharen, ist die Rede. Und oft sprechen Juden von Gott nur vom „HaSchem", dem „Namen".

Das Christentum ist in seiner Theologie zentral auf den wiederkehrenden Sohn Gottes, den Messias, ausgerichtet. Diese Idee hat es aus dem Judentum übernommen, wobei dort der „Gesalbte" nie eine Erlöserfigur war. Denn bei den Juden bedarf der Mensch keiner Erlösung von der Sünde. Wenn er aufrichtig seine Taten bereut, ist das bereits die Versöhnung mit Gott.

Die gesamte Torafrömmigkeit – und da unterscheidet sich das Christentum nicht vom Judentum – ist darauf ausgerichtet, nach dem irdischen Leben bei Gott zu sein. Der Prophet Daniel (12,2) schreibt: „Von denen, die im Land des Staubes schlafen, werden viele erwachen, die einen zum ewigen Leben, die anderen zur Schmach, zur ewigen Abscheu." Die Frage ist nun auch bei den Juden: Wer wird zum ewigen Leben bei Gott berufen werden? Die demonstrativ Frommen, die Gelehrten, die Eiferer, die Heroen der Spiritualität? Im Talmud findet sich dazu ein Dialog zwischen dem Propheten Elias und dem Rabbi Baroka von Hoza'a: „Zwei Brüder kommen des Wegs. Diese beiden sind für die kommende Welt erwählt, sagt Elias zum Rabbi. Was macht ihr? Wir sind Clowns, sagen sie. Wir heitern die Traurigen auf. Oder wenn wir zwei Leute streiten sehen, gehen wir hin und stiften Frieden."

Der britische Rabbiner Norman Solomon interpretiert die Stelle folgendermaßen: „Es sind oft ganz gewöhnliche Menschen, wie die beiden Clowns, nicht einmal religiös in einem konventionellen Sinn, deren stille Taten die Qualität des Lebens um sie herum erhöhen. Es sind die Sorgenden, die Mitfühlenden, all jene, die ihre Talente nutzen, um die Bürden der Menschheit zu erleichtern ... ‚Such ihn (Gott) zu erkennen auf all deinen Wegen!', heißt es im Buch der Sprüche (3,6). Das drückt aus, wie in der jüdischen Tradition Spiritualität verstanden wird: Jeder Aspekt des Lebens, nicht nur die Erfüllung religiöser Pflichten, sollte ein Medium der Hingabe an Gott sein. Wahre Spiritualität oder Frömmigkeit findet sich in alltäglichen sozialen Beziehungen genauso wie im Gebet, im religiösen Studium oder in asketischen Übungen." Dazu kann man wohl nicht mehr sagen als: „Amen, so sei es!"

WARUM IST DER PLATZ DES FELSENDOMS AUCH JUDEN HEILIG?

FÜR NICHT-MUSLIME gibt es zum Tempelplatz, auf dem seit mehr als 1300 Jahren der Felsendom und die Al-Aqsa-Moschee stehen, nur einen Zugang. Jenen durch das Mughrabi-Tor nahe der Westmauer. Dort hängt ein Schild des Oberrabbinats von Jerusalem, das fromme Juden auffordert, diesen Platz nicht zu besuchen. Der Grund ist kein politischer, sondern ein religiöser. Denn bis heute ist nicht klar, wo genau die Cella des im Jahre 70 n. Chr. zerstörten Tempels gestanden hat. Diese zu betreten war nur einem Mann im Volk an einem Tag im Jahr gestattet: dem Hohepriester am Jom Kippur, dem Großen Versöhnungstag. Um es nun aus Unwissenheit der einst höchsten religiösen Autorität der Juden nicht gleichzutun, ließen die Rabbiner die Warnung in hebräischer und englischer Sprache anbringen.

Es sind aber vor allem junge, national-religiöse Juden, die den Ort immer wieder besuchen. Sie drücken damit ihre Hoffnung auf die baldige Errichtung des Dritten Tempels aus. Ihr Besuch ist für Muslime eine ungeheure Provokation. Um daraus keine Eskalation entstehen zu lassen, werden die meist jungen Männer, die oft als Siedler erkennbar sind, von schwer bewaffneten Polizisten über den Tempelplatz geleitet.

Es sind sich alle Kenner der Stadt einig, egal welcher Glaubensgemeinschaft sie angehören: Wenn eine der beiden heiligen islamischen Stätten zerstört würde, dann würde das einen massiven Krieg provozieren. Einen, der vielleicht nicht mehr regional begrenzt werden könnte. In diesem Zusammenhang wird die Gefahr eines Dritten Weltkrieges heraufbeschworen. Deshalb ist das Sicherheitsaufgebot enorm.

Die Sehnsucht der Juden nach diesem Platz ist groß. Viele Ereignisse aus ihrer Geschichte werden hier am Berg Moriah, wie der Tempelplatz auch genannt wird, lokalisiert. Die ältesten davon reichen in eine Periode weit vor dem historischen Judentum zurück. Gott soll von diesem Berg am sechsten Tag der Schöpfung jenen Lehm genommen haben, aus dem er Adam formte. Später hat Kain dort angeblich die Früchte seiner Felder geopfert, und Abel die Erstlinge seiner Herde. Auch von Noah und Melchisedek wird behauptet, dass sie ihren Gott auf dem Berg inmitten von Jerusalem verehrt hätten.

Die für Juden und Muslime wichtigste gemeinsame Geschichte am Berg Moriah ist jene der nicht vollzogenen Opferung des Isaak (Gen 22) durch Abraham. Im Koran, Sure 37, 99–113, opfert Ibrahim seinen Sohn. Dessen Name wird nicht genannt. Die Gemeinsamkeit der beiden Religionen trägt auch deutliche Merkmale der Trennung.

Angeblich sei der Opferaltar exakt auf jenem Felsen gestanden, um den der Felsendom im siebten Jahrhundert errichtet wurde. Eine Tradition und eine Religion überlagert am Tempelberg die vorangegangene, nur der Ort bleibt immer derselbe.

Zum jüdischen Heiligtum wird der Tempelberg um das Jahr 1000 vor Christus, als König David (2 Sam 24,18 ff) einem Mann namens Arauna diesen Bergrücken abkauft, der dem Jebusiter als Höhenheiligtum gedient haben dürfte. David verfolgte den Plan, dort seinem Gott ein festes Haus zu errichten. Da er eine Vorliebe für schöne Frauen hatte und im Fall der verheirateten Batseba sogar deren Mann in den Krieg schickte, damit sie möglichst bald zur Witwe würde, versagte ihm Gott die Erfüllung seines Wunsches. Erst sein Sohn Salomon erbaute um das Jahr 960 vor Christus den ersten jüdischen Tempel. Dieser hatte knappe 400 Jahre Bestand, bis er 587 vom babylonischen König Nebukadnezar zerstört wurde. Wenige Jahrzehnte später, nach der Rückkehr aus dem babylonischen Exil, wurde der Bau sehr bescheiden wieder so weit hergestellt, dass eine kultische Verehrung des Gottes Israels möglich war.

Im zweiten vorchristlichen Jahrhundert wurde unter dem Einfluss hellenistischer Juden der JHWH-Kult im Tempel verboten. Stattdessen implementierte man einen Zeus-Kult und errichtete dem griechischen Göttervater eine Statue. Das wiederum bewog konservative jüdische Kreise zum Aufstand. Schließlich gelang es deren Anführer Judas Makkabäus, Jerusalem einzunehmen und den Tempel zu „reinigen". Daran erinnert bis heute das Chanukkafest.

Herodes der Große (73–4 vor Christus), ein Klientelkönig von Roms Gnaden, der seinen jüdischen Untertanen verhasst war, begann mit der Restaurierung und einem weitreichenden Neubau des jüdischen Tempels. Dazu vergrößerte er die Tempelplattform auf 144 Dunam (144.000 Quadratmeter) und ließ die Cella des Tempels aus Marmor und Gold errichten. Es war nicht nur das größte Einzelbauwerk der Antike, sondern wohl auch eines der schönsten. Herodes hatte Jerusalem zu einer der prachtvollsten Städte im römischen Imperium gemacht. Später wird es im Talmud heißen: Zehn Maß Schönheit verteilte Gott an die Welt, neun Maß davon erhielt Jerusalem. Die Hoffnung des Herodes, wegen des enormen Tempelbaus verstärkt von seinen Untertanen geliebt zu werden, erfüllte sich nicht.

Die Römer zerstörten den Prachtbau im Jahre 70 nach Christus und ließen nur die westliche Begrenzungsmauer stehen, die heute als Westmauer (auch: Klagemauer) bezeichnet wird. Damit endete nach mehr als 1000 Jahren die Präsenz der Juden an dem Ort des Ersten und Zweiten Tempels. Was ihnen blieb, war die Sehnsucht danach. Diese fokussieren sie seitdem auf die Westmauer, wo Gott nach der Zerstörung seines Hauses nun „Wohnung genommen hat", wie es im Hebräischen heißt.

Den Christen diente das Tempelareal in zweifacher Hinsicht: zum einen als Müllhalde und zum anderen als Begründung dafür, dass Gott den ersten Bund mit seinem Volk Israel aufgekündigt hat, um mit ihnen einen neuen Bund zu schließen. Ihr Argument: Hätte Gott sein Volk Israel weiterhin geliebt, dann hätte er die Zerstörung des Tempels nicht zugelassen.

Jahrhunderte bleibt der Tempelplatz unbenutzt. Erst durch einen kurzen Vers im Koran (17,1), in dem die „Nachtreise" des Propheten nach Jerusalem beschrieben wird, wird der Platz wieder zu einem Heiligtum. Von hier soll Mohammed in den Himmel aufgefahren sein. Das war der Grund, warum Muslime über dem unbehauenen Felsen ein achteckiges Gebäude errichteten, den sogenannten Felsendom.

Die Kreuzfahrer, die Jerusalem 1099 eroberten, waren offenbar nicht besonders gebildet. Sie sahen im Felsendom den „Tempel des Herrn", weshalb sie das von Muslimen errichtete Gebäude nicht zerstörten. Einzig den Halbmond entfernten sie von der Kuppel und ersetzten diesen durch ein Kreuz, das bei der Wiedereroberung Jerusalems durch Saladin 1187 wieder entfernt wurde. Seither sind der Felsendom und die Al-Aqsa durchgehend unter muslimischer Kontrolle. Daran hat sich auch nach der Eroberung der Altstadt durch die Israelis im Juni 1967 nichts geändert.

Die jüdischen Traditionen an diesem heiligen Ort sind unbestritten, auch wenn diese von muslimischer Seite häufig geleugnet werden. So behauptete Scheich Muhammad Achmed Hussein, langjähriger Großmufti von Jerusalem, in einem TV-Interview: „Vor 3000

WORÜBER LACHEN JUDEN, WENN SIE LACHEN?

→

*Die Antwort finden
Sie auf Seite 44.*

Jahren, eigentlich schon vor 30.000 Jahren, haben Engel die Al-Aqsa-Moschee errichtet." Mit wissenschaftlichen Erkenntnissen konfrontiert, die seinen Ansichten widersprechen, wehrte er ab: „Ich möchte nicht über Geschichte diskutieren."[12]

Der Auffassung, Jerusalem und der Tempelplatz seien allein den Muslimen heilig, folgten mehrere UNESCO-Resolutionen zwischen 2016 und 2018. Damit wurde auch der alleinige Anspruch der Muslime begründet. Dies wiederum bestätigt einmal mehr die Gefühlslage vieler Israelis, die behaupten: „Die ganze Welt steht gegen uns." In Rücksichtnahme auf seine philosemitischen, evangikalen Wählerschichten versicherte US-Präsident Donald Trump im Gegenzug: „Ich stehe hinter euch." Als Zeichen dafür erkannte er Jerusalem als Hauptstadt Israels an. Eine Aktion, die die Spirale der Gewalt erneut um ein Stück weitergedreht hat.

WAS BEDEUTEN DIE SYMBOLE DES JUDENTUMS?

JENES ZEICHEN, das mit dem Judentum untrennbar verbunden ist, ist der Davidstern. Er besteht aus zwei ineinander verschobenen Dreiecken und wird im Hebräischen als „Magen Davids" als „Schild Davids" bezeichnet. Damit wird eine biblische Herkunft nahegelegt, die aber nicht existiert. Tatsächlich wurde der Sechsstern erst im Mittelalter mit dem Judentum in Verbindung gebracht. Zuvor wurde er auch im Christentum und im Islam verwendet und diente in allen drei Religionen der Vertreibung böser Geister.

Im Mittelalter interpretierte man das Hexagramm als die Verbindung der vier Elemente Wasser, Erde, Luft und Feuer. Die Durchdringung der beiden Dreiecke symbolisierte zudem die Verschmelzung der sichtbaren und der unsichtbaren Welt, die Vereinigung von oben und unten, die Verbindung von männlich und weiblich. Diese Symbolik gefiel auch den mittelalterlichen Bierbrauern in Deutschland, weswegen auch sie den Sechszack im Wappen trugen.

Sie nahmen für sich in Anspruch, die vier Elemente in besonderer Weise zu köstlichem Bier zu verbinden. Das Gerstenmalz stand für die Erde, die Pfanne im Sudhaus für das Feuer und die Kohlensäure für die Luft. Dazu kam noch das Wasser.

Das Judentum scheint im Mittelalter sowohl den Fünfzack als auch den Sechszack verwendet zu haben. Letzterer tauchte als ein rein jüdisches Symbol erstmals 1655 in Wien auf. Den historischen Hintergrund dazu bildete eine Begebenheit im Dreißigjährigen Krieg. Die Schweden belagerten Prag, konnten es aber aufgrund des entschiedenen Widerstands der dortigen Bürgermiliz nicht einnehmen. Aus Dankbarkeit entschied Kaiser Ferdinand III., dass alle Einheiten der Bürgermiliz Ehrenflaggen erhalten sollten. Einzig die Juden wussten nicht, wie sie ihre Flagge schmücken sollten. Sie griffen auf den Vorschlag der Wiener Jesuiten zurück, die erklärt hatten: „König David muss den ersten und den letzten Buchstaben auf seinem Schild getragen haben." Der Buchstabe „D" hatte in der von David verwendeten Schrift die Form eines Dreiecks, von dem zwei – eines für den ersten, eines für den letzten Buchstaben seines Namens – ineinander verschachtelt wurden.

Im frühen 19. Jahrhundert nahmen die Rothschilds den Davidstern in ihr Wappen auf, am 4. Juni 1897 bemächtigte sich die zionistische Bewegung des Hexagramms. Es zierte an diesem Tag die erste Nummer der von Theodor Herzl herausgegebenen Zeitschrift „Die Welt".

Der Davidstern hat für Christen noch eine weitere Bedeutung. Nach der kabbalistischen Regel, jedem Buchstaben eine Zahl zuzuordnen, ergibt sich für David, der im Hebräischen D-W-D (4-6-4) geschrieben wird, die Zahl 14. Der Geburtsstern in der Grotte von Betlehem hat 14 Zacken und dreimal 14 Generationen sind es nach dem Matthäus-Evangelium von Abraham bis David, von David bis zum babylonischen Exil und vom Exil bis zu Jesus.

Unter den Nationalsozialisten, die ihn als „Judenstern" bezeichneten, wurde der Sechszack zum Stigma. Alle Juden, die älter als sechs Jahre waren, mussten ihn deutlich sichtbar tragen. Durch diese gesellschaftliche Diskriminierung wurde das Hexagramm, von dem der jüdische Religionshistoriker Gershom Scholem sagt, dass es im Judentum nie eine tiefsitzende Kraft entwickelt habe, dann doch „durch Leid und Grauen geheiligt". Der Sechsstern wurde würdig, „den Weg zum Leben und zum Aufbau zu erleuchten. Dem Aufstieg (Anm.: der Gründung des Staates Israel) ging der Weg in den Abgrund voraus, und wo er seine letzte Erniedrigung erfuhr, gewann er seine Größe."[13] Vor diesem Hintergrund wählten die Gründungsväter Israels den Judenstern zum Symbol für die Flagge Israels.

Das älteste Symbol des Judentums ist die Menora, die bereits im Buch Exodus (25,31 ff) beschrieben wird. „Mach einen Leuchter aus purem Gold", befahl Gott seinem Diener Moses. „Der Leuchter, sein Gestell und sein Schaft, seine Kelche, Knospen und Blüten sollen aus einem Stück getrieben sein. Von seinen Seiten sollen sechs Arme ausgehen, drei Leuchterarme auf der einen und drei Leuchterarme auf der anderen Seite." Solch eine Menora stand im Tempel von Jerusalem. Von dort wurde sie nach der Eroberung und der Zerstörung der Stadt im Jahre 70 n. Chr. vom römischen Heerführer Titus geraubt. Ihm zu Ehren wurde am Forum Romanum ein Triumphbogen errichtet, dessen Innenseite ein Relief ziert. Es zeigt versklavte Juden, die bei der Siegesparade in Rom die Menora mit sich tragen. Das junge Israel entschied sich, den siebenarmigen Leuchter ins Staatswappen zu nehmen.

Von der Menora gilt es die Chanukkia, den Leuchter mit neun Armen, zu unterscheiden, wobei eine Kerze immer abgesondert steht. Sie wird als „Diener" bezeichnet, mit dem die übrigen acht entzündet werden. Der Ursprung der Chanukkia geht auf die Wiedereinweihung des Tempels nach dem erfolgreichen Makkabäeraufstand im Jahr 164 vor Christus zurück. Diese Revolte frommer Juden richtete sich gegen die hellenisierten Glaubensbrüder, die im Tempel von Jerusalem JHWH mit Zeus gleichgesetzt und verehrt hatten. Laut einer Erzählung im Talmud fanden die siegreichen Makkabäer nur so viel rituell reines Olivenöl im

Tempel, dass die Menora nur einen Tag gebrannt hätte. Wundersamerweise reichte das wenige Öl aber für acht Tage. So lange, bis neues geweihtes Öl vorhanden war. An diese biblische Geschichte erinnern sich Juden bis heute, wenn sie im Dezember das Lichterfest Chanukka feiern.

IST DIE SYNAGOGE DIE KIRCHE DER JUDEN?

—

IM RELIGIONSUNTERRICHT werden oft Vergleiche gezogen. Die Synagoge sei die Kirche der Juden, ein Haus des Gebets. Das stimmt, aber nicht nur. Sie ist viel mehr, sie ist auch ein Haus des Lernens. Deutlich kommt dies in der abschätzigen Redewendung „Da geht es zu wie in einer Judenschul" zum Ausdruck. Damit ist eine gewisse Unordnung gemeint. Der Begriff „Schul" bezeichnet den an den Gebetsraum angeschlossenen Lehrraum, wo Studenten allein oder in Gruppen, meist vor sich hinmurmelnd oder auch einmal heftig diskutierend, lernen.

Die Synagoge ist im sechsten vorchristlichen Jahrhundert aus einer Not heraus entstanden, als die Juden ins Babylonische Exil umgesiedelt worden waren. Dort konnten sie ihren Gott nicht mehr verehren, wie sie das 400 Jahre lang in dem von König Salomon um das Jahr 980 erbauten Tempel getan hatten. Ihre Verzweiflung über diesen Verlust bringen Juden in dem Psalm 137 zum

Ausdruck: „An den Strömen von Babel, da saßen wir und weinten, wenn wir an Zion dachten."

Es war eine bittere Erfahrung, von ihrem Gott, der im Tempel von Jerusalem verblieben war, abgeschnitten zu sein. Wollten die Menschen im Exil die Verbindung zu ihrem Gott aufrechterhalten, ihre nationale und auch religiöse Eigenart bewahren und das Gemeinschaftsbewusstsein beleben, dann waren sie gezwungen, sich neuen Formen der Gottesverehrung zuzuwenden: dem unblutigen Gebetsgottesdient. An die Stelle des Tempels trat das „Haus der Versammlung", „Beit ha Knesset", an die Stelle der Tieropfer die Lesung aus den Psalmen und den heiligen Schriften sowie Gesänge. Mit diesem Gebetsgottesdienst, der auf der Vorstellung beruht, dass Gott dort sei, wo Gläubige beten, wird der Gott Israels aus der Enge des Tempels von Jerusalem befreit. Er ist dort gegenwärtig, wo sich zumindest zehn männliche Juden zu einer Liturgie zusammenfinden.

Der theologische Wandel vom Tempel zur Synagoge war ein radikaler gewesen. Er bestand in der Abkehr von der priesterlichen Religionspraxis im Tempel, bei dem das Volk passiv geblieben war, hin zu einer liturgischen Laienführerschaft. Jeder Jude konnte im Bethaus die Tora vorlesen, die Versammlung leiten und, wenn er die Gabe hatte, auch das Wort Gottes interpretieren.

Die Synagoge bedeutet also eine Abkehr vom Opfer, eine Entmachtung der Priesterklasse und eine damit verbundene Demokratisierung der Liturgie. Aus der Katastrophe des Exils entsteht das Gemeindegebet, das die Kraft hat, die jüdische Identität zu erhalten und auch noch zu stärken. Und dennoch bleibt die Synagoge nur ein „kleines Heiligtum", das sich immer noch am Tempel orientiert: Bis heute werden dort die Gebete zu jenen Zeiten abgehalten, zu denen im Tempel die Opfer dargebracht wurden. Nach seinem Vorbild wird sie auch mit rituellen Gegenständen ausgestattet.

Das liturgisch Wichtigste in jeder Synagoge ist die „Heilige Lade" oder „Aaron Hakodesch", die sich stets an der Ostwand, also in Richtung Jerusalem, befindet. In diesem Schrein, der an die

Bundeslade im Allerheiligsten des Tempels erinnert, sind die Torarollen untergebracht. Unter der Tora versteht man die fünf Bücher
des Moses, nicht die Gesamtheit all jener Texte, die die Christen
als Altes Testament bezeichnen. Neben den Torarollen findet sich
in jeder Synagoge das „Ewige Licht" oder „Ner Tamid", gemäß dem
Vers aus dem Buch Exodus 27,20: „Das Licht soll vom Abend bis zum
Morgen vor dem Herrn brennen, als eine ständig eingehaltene Verpflichtung der Israeliten von Generation zu Generation."

Das Lesepult, die „Bima" oder auch „Almemor" genannt, darf
in keiner Synagoge fehlen. Von dort aus wird die Liturgie mit dem
Lesen der Tora geleitet. Um die wertvollen, von Hand geschriebenen
Texte nicht zu verunreinigen, indem man mit dem Finger die Zeilen
entlangfährt, gibt es in allen Synagogen eigene Zeigefinger. Sie sind
häufig aus Silber, fein ziseliert und laufen nach vorne hin in Form
einer Hand aus, bei der nur der Zeigefinger ausgestreckt ist.

Ein weiteres Element traditioneller Synagogenarchitektur ist
die Frauenabteilung „Esrat Naschim". Auch sie geht auf den Tempel
in Jerusalem zurück, wo es vor dem Allerheiligsten einen Vorhof der
Frauen und einen der Männer gab. Die Geschlechtertrennung, die
oft durch eine eigene Empore für die Frauen vollzogen wird, soll
verhindern, dass Betende durch die Anwesenheit des jeweils anderen Geschlechts abgelenkt werden. Neben dem Sakralraum, der am
Schabbat für das Gemeinschaftsgebet genutzt wird, haben Synagogen zudem einen Lehrraum. Dieser ist meist sehr schlicht. In der
Mitte stehen Tische, an den Wänden finden sich Regale mit Büchern.
Unter der Führung dessen, der sich berufen fühlt, werden die fünf
Bücher Mose oder der Talmud erörtert.

Synagogen waren schon früh Orte der formellen Erziehung.
So berichtet der Talmud, dass es zur Zeitenwende „in Jerusalem
480 Synagogen gab und jede einzelne von ihnen eine Grundschule
(bet sefer) und eine höhere Schule (bet talmud) hatte". Und so ist
es auch heute noch: Juden in der Diaspora schicken ihre Kinder in
die Synagoge, wo sie eine religiöse Unterweisung erhalten und ihre
jüdische Identität geprägt wird.

Das Studium der Tora ist die charakteristischste Ausprägung jüdischer Spiritualität. Von Jonathan, einem Schüler des Rabbi Hillel (frühes erstes Jahrhundert), wird erzählt, dass ein Vogel, der ihm über den Kopf geflogen war, in Flammen aufgegangen sei. So stark sei seine geistige Erregung gewesen, wenn er über der Tora saß. Der Puls des Judentums schlägt dort am lebendigsten, wo studiert wird: in der Synagoge. Sie ist nicht nur ein Gebetshaus, sondern auch ein Ort der Gemeinschaft und des Lernens.

WIE GEFÄHRLICH IST EINE REISE NACH ISRAEL?

Die Antwort finden Sie auf Seite 16.

WIRD AN DER KLAGEMAUER NUR GEKLAGT?

WENN SIE an einem Montag- oder Donnerstagvormittag in Jerusalem sind, dann können Sie die Antwort leicht selbst herausfinden. Denn an jedem dieser beiden Tage vollziehen 13-jährige Burschen an der Westmauer (auch: Klagemauer) ihre Bar Mitzwa. Dies ist ein Initiationsritus, der die jungen Juden in religiöser Hinsicht zu vollwertigen Mitgliedern einer Gemeinde macht.

Es ist ein fröhliches Fest. Am Mist-Tor, jenem Zugang, der der Westmauer am nächsten liegt, warten Trommler und Klarinettenspieler, die den jungen Mann in ihre Mitte nehmen und unter einem weißen Baldachin an die Mauer geleiten. Feiern orientalische Juden, dann geht es besonders ausgelassen zu. Die ganze Familie tanzt hinter dem Baldachin, und wenn die Musiker „Chai, chai David melek Israel", „Israels König David lebe hoch!" intonieren, stimmt die ganze Festgesellschaft ein. Die Mutter wirft Süßigkeiten in die Menge, die oft in blaues oder weißes Papier, den Farben Israels, gewickelt sind. Kinder versuchen möglichst viele davon zu erhaschen, denn wer die meisten hat, ist auch ein König. Und der stolze Vater, dem man ansieht, dass er nur selten eine Krawatte trägt, hält die ganze Szene mit seiner Handy-Kamera fest. Alle sind glücklich, nur dem 13-jährigen Pubertierenden ist der Rummel um seine Person oft unangenehm. Am Platz vor der Westmauer wird dann die Torarolle auf einem Pult ausgerollt, der junge Mann liest einen Text daraus vor und interpretiert diesen auch. Wer einmal das Glück hatte, an der Westmauer dieser Feier beizuwohnen, der versteht, dass der Ausdruck Klagemauer nicht besonders glücklich gewählt ist.

Fortan wird der „Sohn der Gebote" dem Minjan zugezählt, jener Zehnzahl von Männern, die notwendig ist, um in einer Synagoge einen Gottesdienst abhalten zu können. Frauen werden bei der Zählung nicht berücksichtigt, denn die Rabbiner entbanden diese wegen ihrer häuslichen Pflichten von den strengen zeitlichen Vorgaben bei den Gebetsverpflichtungen. Als Beispiel wurde etwa das Stillen eines Säuglings angeführt, weshalb die vorgeschriebenen Gebetszeiten nicht eingehalten werden könnten.

An der Klagemauer wird freilich auch geklagt. Allerdings nur am 9. Tag des Monats Av. An diesem Tag gedenkt man der Zerstörung des salomonischen Tempels im Jahr 587/586 vor Christus durch den babylonischen Herrscher Nebukadnezar. Am selben Tag, so glaubt man nach jüdischer Tradition, allerdings im Jahre 70 nach Christus, soll sich auch die Zerstörung des herodianischen Tempels durch die Römer ereignet haben. Der neunte Av ist an der Westmauer ein hoher Trauertag, an allen anderen Tagen des Jahres ist dies ein Ort des Gebets und zweimal wöchentlich eben auch der Ort einer fröhlichen, ausgelassenen Gottesverehrung.

Wer sich bemüht, andere Religionen zu verstehen, der sollte auch präzise Formulierungen wählen. Der Ausdruck „Klagemauer" wurde von Christen geprägt, die die Gebetsformen der Juden als Klagegesänge fehlinterpretierten. Im Englischen findet sich der Ausdruck „Wailing wall" höchst selten und im Hebräischen wird die Mauer völlig wertungsneutral als „ha kotel ha ma'arawi" bezeichnet, als westliche Mauer. Als solche begrenzte sie den herodianischen

Tempel und blieb bei der Zerstörung der Stadt durch die Römer aus ungeklärten Gründen stehen.

Zum höchsten Heiligtum der Juden wurde die Mauer vor allem deshalb, weil sie dem ehemaligen Allerheiligsten des Tempels räumlich am nächsten stand und weil Gott in ihr „Wohnung genommen" hat. Diese Gegenwart Gottes ist auch der Grund, warum fromme Juden kleine Zettel mit Gebeten und Bittanliegen in die Ritzen der Mauer stecken. Religionsgeschichtlich ist dies mit dem Anzünden einer Kerze in einer Kirche vergleichbar. Da wie dort vollziehen Gläubige ihr Gebet in einem Dreischritt: im Lobpreis Gottes, im Dank an ihn, verbunden mit einer persönlichen Bitte. Die Ritzen der Westmauer quellen über. Ein Rabbiner entfernt die Zettel zweimal im Jahr und begräbt sie in einer speziellen Zeremonie am Ölberg. Dort, wo Juden die Ankunft des Messias erwarten.

Wenn man sich der Mauer nähert – und das gilt auch für nichtjüdische Besucher – dann ist es Männern geboten, ihr Haupt zu bedecken. Für Juden ist die Vorstellung, einen heiligen Raum barhäuptig zu betreten, so fremd und unangenehm, wie für Christen das Gegenteil der Fall ist. Der Brauch, das Haupt zu bedecken, ist keine Weisung aus der Tora, sondern dürfte auf die Gewohnheit der Römer zurückgehen, die bei Gebeten und Opfern einen Hut aufhatten. Einen solchen durften auch Juden tragen, deren Glaube von Cäsar in den Status einer „religio licita", einer „erlaubten Religion", erhoben worden war. Damit galt das Tragen einer Kopfbedeckung auch den Juden als Symbol der Freiheit. Heute tragen Juden eine Kippa, jiddisch: Jarmulke, an deren Material und Form man die religiöse oder auch ideologische Ausrichtung des jeweiligen Trägers erkennen kann. So sind die Kippot konservativer Juden meist aus schwarzer Seide und ohne Verzierung, während jene der national-religiösen Gruppierungen, vor allem die der Siedler, gehäkelt oder gestrickt sind. Meist ist auch ein Davidstern eingearbeitet.

Für mitteleuropäische Christen ist es oft befremdend, wenn sie an der Mauer Juden sehen, die sich beständig und in raschem Rhythmus verneigen. Der Grund für die im Jiddischen als

„Schockeln" bezeichnete Bewegung ist ein zweifacher: Wenn Juden aus den Psalmen lesen, dann schwingt der Körper im Rhythmus der Dichtung mit. Und: Dem gesamten Judentum, vor allem aber den chassidischen Gruppierungen, ist es wichtig zu betonen, dass nicht allein der Geist, nicht allein der Intellekt, sondern der ganze Mensch Gott lobt. Im „Sohar", einem Klassiker des jüdischen Mystizismus aus dem 13. Jahrhundert, findet sich dazu eine Erklärung. Der Held des Buches, Rabbi Simeon Ben Jochai, wird von seinen Schülern gefragt, warum nur die Juden schockeln. Rabbi Simeon erklärt dazu: Die Seele eines jeden Juden gründe in der heiligen Tora. Höre die Seele auch nur ein Wort der Schrift, werde sie entflammt wie der Docht einer Lampe. Das Schaukeln des Körpers sei also Ausdruck des flammengleichen Rhythmus der Seele.

Der Mensch in seiner Gesamtheit soll Gott loben. Das erkennt man auch daran, wie betende Juden die Tefillin (Gebetsschnüre) anlegen. Von den zwei kleinen, aus koscherem Leder gefertigten und schwarz eingefärbten Kästchen baumeln lederne Riemen. Getragen werden die Kästchen an der Stirn und am linken Oberarm, nahe dem Herzen. Die Riemen werden siebenmal um den Unterarm und dreimal um die Finger gewickelt, sodass sich daraus ein „Schin" ergibt. Dies ist der erste Buchstabe des Gottesnamens Schaddai, der sich vom Wortstamm „schad", Mutterbrust, ableitet. Auf Gott übertragen bedeutet dies, dass Gott derjenige sei, der eine grenzenlose Liebe, wie eben eine Mutter zu ihrem Kind, verströme.

Die Betonung von Kopf und Herz macht deutlich: Die Verehrung Gottes kann nicht nur über die emotionale Herzensebene geschehen, sondern es bedarf auch eines kritischen Geistes, der Fragen stellt. Selbst auf das Risiko hin, keine Antwort zu erhalten. Herz und Kopf ergänzen sich, das eine kommt bei der Verehrung Gottes ohne das andere nicht aus.

Herzstück der Tefillin sind mehrere Gebetstexte, darunter jener aus dem Fünften Buch Mose (6,4–9): „Höre, Israel! Der Herr, unser Gott, der Herr ist einzig. Darum sollst du den Herrn, deinen

Gott, lieben mit ganzem Herzen, mit ganzer Seele und mit ganzer Kraft. Und diese Worte, auf die ich dich heute verpflichte, sollen auf deinem Herzen geschrieben stehen. Du sollst sie deinen Kindern wiederholen. Du sollst sie sprechen, wenn du zu Hause sitzt und wenn du auf der Straße gehst, wenn du dich schlafen legst und wenn du aufstehst. Du sollst sie als Zeichen um das Handgelenk binden. Sie sollen zum Schmuck auf deiner Stirn werden. Du sollst sie auf die Türpfosten deines Hauses und in deine Stadttore schreiben."

Dieser kurze Text vereint mehrere Aspekte des jüdischen Lebens: den Glauben an den einen Gott sowie die Aufforderung, seine Kinder zu lehren. Schließlich findet sich darin auch noch eine Begründung für die Gebetsschnüre und die ihnen verwandte Mesusa. Eine Mesusa ist eine aus Metall, Glas oder Keramik geformte längliche Hülle, die den oben zitierten Text enthält. Diese Mesusot werden an allen Türen eines Hauses – mit Ausnahme des Badezimmers – in Schulterhöhe befestigt. An der Außenseite ziert oft der Buchstabe „Schin" für Schaddai den Behälter, weil die Gottesbezeichnung auch die Anfangsbuchstaben des Satzes „Schomer D´Latot Israel" enthält: „Wächter der Tore Israels." Viele Juden schreiben der Mesusa deshalb eine gewisse Wächter- oder Schutzfunktion für das damit verzierte Gebäude zu.

Auch wenn man noch so oft an diese Westmauer geht – die meisten christlichen Besucher empfinden dieses 60 Meter breite Stück aus Steinquadern, das 18 Meter hoch aufragt, faszinierend und befremdlich zugleich. Eines ist bemerkenswert: Man kann sie zu jeder Tages- und Nachtzeit, bei mehr als 40 Grad oder bei Schneefall, besuchen, es werden immer Juden vor ihr beten.

◆◇

WIE BEGEHEN JUDEN DEN SCHABBAT?

SHIMON WAR noch ein kleiner Bub, als seine Mutter, dem Tode nahe, in einer Klinik in Jerusalem lag. Der Vater, Physiker an der Hebräischen Universität und ein sehr religiöser Jude, besuchte sie täglich. Er hatte mit dem behandelnden Arzt vereinbart, dass dieser anrufe, falls sich der Zustand seiner Frau überraschend verschlechtern sollte. Die Mutter sollte sich noch von den Kindern, die Kinder sich von der Mutter verabschieden können. Inzwischen umsorgte er die zwei Buben und das Mädchen alleine. Es war dann ausgerechnet an einem Schabbat, als das Telefon klingelte. Normalerweise ist es religiösen Juden an diesem Tag verboten zu telefonieren, weil sie sich an das Gebot der Tora halten, kein Feuer zu machen. Diese Regelung wurde auch auf alle Bereiche der Elektrizität übertragen. Formal war das Telefonat in diesem Fall auch von den jüdischen Religionsgesetzen gedeckt, denn Todesgefahr hebt den Schabbat auf.

Professor Zeev L. nahm in der Annahme, es handle sich um einen Anruf aus der Klinik, den Hörer ab. Am anderen Ende der Leitung war aber nicht, wie erwartet, der behandelnde Arzt, sondern ein Unbekannter, der sich verwählt hatte. Zeev L. wertete dies als Zeichen, dass er am Schabbat doch nicht telefonieren solle. Als kurz darauf das Telefon erneut läutete, antwortete er nicht mehr. Er wartete, bis der heilige Tag am Samstagabend beendet war, und rief seinerseits in der Klinik an. Dabei musste er erfahren, dass seine Frau bereits verstorben war. Der Arzt hatte angerufen.

Die meisten Nichtjuden können solche Verhaltensweisen nicht nachvollziehen. Für fromme Juden aber ist der Schabbat, der am Freitagabend beginnt, wenn man einen grauen Wollfaden nicht mehr von einem blauen unterscheiden kann, mehr als nur ein Ruhetag. Man könnte meinen, dieser Tag sei die Essenz des Judentums. Der Tag ist heilig, denn Gott selbst hat an diesem Tag geruht und ihn damit geheiligt. Er ist der einzige Tag, der im Hebräischen einen eigenen Namen hat, alle anderen Tage werden einfach durchnummeriert. An diesem Tag wird durch Rituale und Regeln ein Abstand zur Alltäglichkeit der übrigen Woche geschaffen: Man kleidet sich besonders adrett, man genießt ein Festessen, denn der Schabbat ist ein Geschenk des Herrn an sein Volk und das Volk soll sich auch dementsprechend verhalten. Am Schabbat schafft man Raum für innere Ruhe, für das Gebet mit Gott, für die eigene Familie. Es ist der Tag, an dem Eltern und Kinder um den Tisch sitzen, die Gemeinschaft genießen, zusammen singen. 39 Tätigkeiten listet der Talmud auf, die am Schabbat verboten sind: Dazu zählt „ein Feld zu pflügen" ebenso wie „zwei Buchstaben zu schreiben" oder „das Tragen von einem Gebiet in ein anderes Gebiet". Die Talmudgelehrten führen heftige und ausufernde Diskussionen darüber, wie die einzelnen Bestimmungen in der Moderne zu deuten sind. Aber letztendlich soll alles nur dem einen Zweck dienen: die Heiligkeit des Tages zu betonen. Der Schabbat hat aber auch eine Schutzfunktion für die Hausfrau. In christlichen Gesellschaften ist sie an dem Tag, an dem die Familie um den Tisch sitzt, am meisten belastet. Nicht so im Judentum. Durch das „Feuerverbot" ist es nämlich auch nicht gestattet zu kochen. Die Hausfrau hat am Freitag bereits vorgekocht und hält das Essen auf einer eigenen

Platte bis zum Samstag warm. So kann auch sie entspannt mit ihrer Familie bei Tisch sitzen.

Schwieriger ist es, das „Feuerverbot" einzuhalten, wenn man in einem Hochhaus wohnt. Es ist nicht gestattet, in einem Lift den Knopf mit dem gewünschten Stockwerk zu drücken. Deshalb muss man auf den Schabbat-Lift warten, und das erfordert Geduld. Dieser ist so programmiert, dass er vom Erdgeschoss bis ganz nach oben fährt und in jedem Stockwerk stehen bleibt, die Tür öffnet, eine Weile wartet, die Türe schließt und einen Stock höher fährt, um dort dasselbe Prozedere zu wiederholen. Stellen Sie sich vor, Ihre Wohnung befindet sich im zehnten Stockwerk. Aber wie gesagt: Der Schabbat ist ohnehin ein Tag der Ruhe, auch der Gemütsruhe.

Um gewisse Dinge, die am Schabbat eigentlich verboten sind, doch noch zu ermöglichen, wie etwa Radio hören, kann man eine Zeitschaltuhr programmieren. Früher hat man in begüterten jüdischen Haushalten dafür ein Christenmädchen, eine sogenannte „Schickse", angestellt. Sie erledigte, was Juden an diesem Tag nicht gestattet war.

Abgeleitet wird der Schabbat aus der Tora, wo es im Buch Exodus (20,8) heißt: „Gedenke des Schabbats: Halte ihn heilig! Sechs Tage darfst du schaffen und all deine Arbeit tun. Der siebte Tag ist ein Ruhetag, dem Herrn, deinem Gott geweiht. An ihm darfst du keine Arbeit tun." Streng religiöse Juden interpretieren die Worte als direktes göttliches Gebot, das grundsätzlich nicht hinterfragt werden darf. Moderne Bibelinterpreten sehen in den Anweisungen Gottes, wie etwa den Speisegesetzen oder dem Verbot, die Häuser von Nichtjuden zu betreten, eine Schutzfunktion. Die Juden waren stets eine Minderheit. Die Verlockungen der Mehrheitsgesellschaft waren groß. Um nun die eigene Identität zu bewahren, erließ man Gesetze, die einer potenziellen Assimilation vorbeugten und entgegenwirkten. Bildhaft sprechen Juden von einer „Mauer der Gesetze", die sie schützt und gleichzeitig isoliert.

Der Schabbat beginnt mit den ersten drei Gestirnen, die am Freitagabend am Himmel zu erkennen sind. Man kann auch den Wollfaden zu Hilfe nehmen. Schon der ganze Freitag steht im Zeichen des am Abend beginnenden Feiertags. „Der Freitag ist schon vom Morgen an ganz anders als jeder andere Tag"[14], schreibt Bella Chagall, die Frau von Marc Chagall. Die Stunden vor Beginn des Schabbat sind geprägt von Geschäftigkeit, von Vorbereitungen, aber auch von Vorfreude. Man schlittert nicht einfach in diesen Festtag hinein, sondern man zelebriert ihn bewusst. Kurz vor Sonnenuntergang zündet die Hausfrau die beiden Schabbatkerzen an, dabei hält sie ihre Hände zuerst über die Kerzen, dann vor das Gesicht und spricht ein Gebet. Der Familienvater begeht den Eintritt des Schabbats mit einem Abendgebet in der Synagoge. Wieder zu Hause segnet er seine Kinder, wäscht sich feierlich die Hände, ehe er sich zu Tisch setzt und die biblischen „Tugenden der tüchtigen Hausfrau" besingt. Dann segnet er den Wein: „Gelobt seist Du, Ewiger, unser Gott, Schöpfer der Früchte des Weinstocks!" Nachdem alle aus dem Becher mit Wein getrunken haben, nimmt er das meist sehr dekorativ bestickte Tuch von den beiden Schabbatbroten, die auch Challa genannt werden. Das sind Hefezöpfe, die entweder mit Sesam oder Mohn bestreut sind. Nach dem Segen reicht der Vater das Brot mit Salz in die Runde, damit sich jeder bedienen kann. Dann wird die Hauptmahlzeit serviert, die oft unter dem Gesang feierlicher Schabbatlieder verspeist wird.

Am Samstagmorgen geht der Familienvater – oft mit der ganzen Familie – in die Synagoge, wo zum Morgengebet die Torarolle aus dem Toraschrein gehoben und in einer festlichen Prozession zum Lesepult geleitet wird. Dort wird der Wochenabschnitt aus der Tora gelesen. Es folgen Texte aus den Büchern der Propheten sowie Segenssprüche für Kranke oder Notleidende.

Am Samstagabend endet der Schabbat mit dem Ritus der Hawdala, der „Trennung" zwischen dem heiligen Tag und dem Rest der Woche. Eine offene silberne Büchse mit wohlriechenden Kräutern wird herumgereicht. Man erinnert sich mit dieser Besamim-Büchse noch einmal an das Feierliche des vergangenen Tages, um den Abschied davon leichter zu machen. Nach dem Ende des Schabbats wird eine mehrdochtige Hawdala-Kerze entzündet, die „wie eine Fackel" in die neue Woche hineinscheint. Diese Kerze wird mit ein wenig Wein gelöscht.

Diese Rituale, die wenig Spielraum lassen, empfinden Nichtjuden als befremdlich. Die strenge Observanz des Tages hat eine tiefere Bedeutung, wie der Psychoanalytiker und Sozialphilosoph Erich Fromm feststellte: „Der Schabbat ist die Vorwegnahme der messianischen Zeit, nicht durch ein magisches Ritual, sondern durch praktisches Verhalten, das den Menschen in eine reale Situation der Harmonie und des Friedens versetzt. Diese andere Lebenspraxis verändert den Menschen."[15] Die ausschließlich innerjüdische Bedeutung des heiligen Tages betonte hingegen der Schriftsteller Achad Ha'am (1856–1927), wenn er schrieb: „Nicht die Juden haben den Schabbat gehalten, sondern der Schabbat hat die Juden gehalten."

WIE SCHMECKT KOSCHERES ESSEN?

DER MCDONALD'S in Mevasseret Zion, direkt an der Autobahn zwischen Tel Aviv und Jerusalem gelegen, schaut aus wie jeder andere dieser amerikanische Fastfood-Läden auch: Die Lichtreklame wirkt zu groß und zu hell, und wenn man das Innere des Burger-Restaurants betritt, dann riecht es ein wenig nach Fett. Ein vornehmlich junges Publikum drängelt sich, um seine Bestellungen aufzugeben. Nur ein kleines Logo mit den drei hebräischen Buchstaben „k-sch-r" macht den Unterschied zwischen McDonald's-Filialen, wie wir sie in Europa kennen, und jener in Mevasseret Zion. Dieses war das erste koschere Schnellimbissrestaurant weltweit. Mittlerweile ist etwa die Hälfte aller Filialen der US-Hamburgerkette in Israel „rituell rein". Das bedeutet, dass sie am Schabbat geschlossen haben, dass das Fleisch koscher zubereitet ist und dass keine Cheeseburger angeboten werden. Denn nach den jüdischen

Speisegesetzen ist es verboten, Fleischiges und Milchiges gemeinsam zu essen. Je nach Tradition müssen bis zu sechs Stunden zwischen den beiden Nahrungsmittelgruppen liegen. Die Begründung dafür findet sich im Buch Exodus (23,19), wo es heißt: „Du sollst das Böcklein nicht in der Milch seiner Mutter kochen."

Das Gesetz ist klar, der Hintergrund liegt völlig im Dunklen. Manche Interpreten der Tora glauben, dass die Heiden Kitzfleisch in Muttermilch gekocht hätten. Von diesen wollte sich das Judentum absetzen, um so den inneren Zusammenhang der Gläubigen zu stärken. Andere wiederum argumentieren mit ethischen Vorstellungen. Wieder andere glauben, dass die Speisegesetze keinerlei logischen Sinn ergeben, sondern alle nur als Gehorsamsprüfung ihrem Schöpfergott gegenüber dienen. Es sei eine ähnliche Prüfung wie jene im Buch Genesis (2,17), wo es heißt: „Von allen Bäumen des Gartens darfst Du essen, doch vom Baum der Erkenntnis von Gut und Böse darfst du nicht essen."

Wer Milchiges vor Fleischigem essen will, bei dem verkürzt sich die Wartezeit auf wenige Minuten. Aber wer möchte schon den Milchrahmstrudel vor dem Rindsbraten zu sich nehmen?

Um nur ja keinen Fehler zu begehen, gehen streng observante jüdische Kreise so weit, dass sie für Fleischiges und Milchiges getrennte Kühlschränke, getrenntes Geschirr und auch getrenntes Besteck verwenden, das sie dann in getrennten Spülbecken abwaschen. Wer nicht tief in die jüdische Religion eingedrungen ist, wird dies als „frühe Form der Trennkost" einstufen und in der gesonderten Reinigung eine besondere Form der Hygiene sehen.

Das sind freilich sehr oberflächliche Sichtweisen. Tatsächlich geht es um die Gleichsetzung des Altars im Tempel mit dem Tisch im Haus. Die Heiligkeit, die sich im Tempel manifestiert, soll auch im Haus frommer Juden spürbar sein.

Koscher zu kochen ist aber kein spezieller Kochstil, wie es beispielsweise italienisches oder thailändisches Essen darstellt. Das wiederum bedeutet, dass italienisches Essen koscher sein kann, Gerichte aus der jüdischen oder israelischen Küche hingegen nicht zwangsweise „rituell rein" sein müssen. Im Wesentlichen geht es in der koscheren Küche um zwei Kriterien: Es muss sich zum einen um das richtige Tier handeln, zum anderen muss dieses den religiösen Vorschriften entsprechend getötet und auch noch nach den Vorschriften zubereitet werden. Die Definition, welche Tiere zum Verzehr geeignet sind, findet sich im Dritten Buch Mose (11,3): „Alle Tiere, die gespaltene Klauen haben, Paarzeher sind und wiederkäuen, dürft ihr essen." Damit sind Rinder, Schafe, Ziegen, Rehe oder Gazellen erlaubt, Hasen, Kamele oder Schweine hingegen sind verboten. Bei den Bewohnern des Wassers „dürft ihr alle Tiere mit Flossen und Schuppen, die im Wasser, in Meeren und Flüssen leben, essen". Die allermeisten Fische sind somit koscher. Nicht koscher sind Aale, Rochen, Wale, Krusten- und Schalentiere. Von den Vögeln können bis auf die aasfressenden Geier und Adler beinahe alle verzehrt werden.

Ein ganz wesentliches Kriterium, um ein Lebensmittel als „koscher" bezeichnen zu dürfen, ist die Schlachtung, die von einem „Schochet" vorgenommen wird. Zunächst prüft er das Schlachtmesser – oft auch mit einer Lupe – ob die Schneide unversehrt ist und nur ja keine Einkerbungen aufweist. Denn das Tier soll nicht verletzt, sondern nur möglichst rasch und schmerzfrei getötet werden. Dabei führt der „Schochet" das Messer in einem extrem schnellen Schnitt durch die Halsschlagader, die Nerven und die Luftröhre, sodass das Tier durch den Abfall des Blutdrucks sofort bewusstlos wird und wenig oder gar keinen Schmerz verspürt.

Es geht bei der Schächtung nicht allein um die Befolgung von Riten, sondern Rabbiner führen schon im Vorfeld die Diskussion um das Tierwohl. Ist es zumutbar, dass Tiere ihr ganzes Leben leidend in Käfighaltung verbringen? Ist Hormonfütterung ethisch vertretbar? Sollte man Tiere im Schlachthof nicht so absondern, dass sie nicht zusehen müssen, wie ihre Artgenossen geschlachtet werden? Das Judentum ist eben nicht eine Religion, die bloß Gesetze befolgt, sondern eine, die diese als Grundlage für eine dynamische Weiterentwicklung betrachtet.

Ist ein Tier geschlachtet, dann ist es ganz wichtig, dass aus dem Schlachtkörper das Blut austritt, denn dieses ist für Juden der Lebensgeist. Im Fünften Buch Mose (12,23 f.) heißt es, „du sollst den Lebensgeist nicht mit dem Fleisch verzehren". Man legt den Schlachtkörper eine Stunde lang in ein Wasserbad, um die Blutreste auszuschwemmen oder man legt ihn eine Stunde in Salz ein, um so das Blut herauszuziehen. Damit versteht sich von selbst, dass ein religiöser Jude ein Steak nie „medium" bestellen würde.

Die Gesellschaft Israels ist seit Jahren einem Teilungsprozess unterworfen. Dieser lässt sich an den Speisegewohnheiten der einzelnen Gruppen erkennen. Für religiöse Juden ist die Vorstellung, Schweinefleisch zu essen, grauenhaft. Säkulare Israelis hingegen bestellen gerne „weißes Fleisch" vom Schwein, das nicht importiert, sondern in Israel gezüchtet wird. Schweine dürfen „auf der Erde Israels" allerdings nicht gehalten werden, weil ein 1962 beschlossenes Gesetz dies verbietet. Um dieses Verbot zu umgehen, wurden in Zuchtbetrieben Beton- und Holzkonstruktionen errichtet, um die Tiere über oder unter der Erde Israels zu mästen. Vor allem die Einwanderer aus der ehemaligen Sowjetunion gehören zu den Käufern. Wurde das Fleisch früher oftmals unter dem Ladentisch verkauft, so ist das heute ganz legal. Auf dem Carmel-Markt in Tel Aviv signalisiert ein rosarotes Stoffschwein dem Kunden, was es in dem Geschäft zu kaufen gibt: Fleisch, Speck, Würste – alles von dem Tier, das offiziell geächtet ist. Und weil die meisten Israelis nicht wissen, wie man Schweinernes zubereitet, hat der pensionierte Kardiologe und TV-Koch Eli Landau ein entsprechendes Kochbuch in hebräischer Sprache verfasst.

Koscher können aber nicht nur Speisen sein, sondern auch Getränke, zum Beispiel Wein. In vielen Ländern der Welt, so auch in Österreich, wird koscherer Wein produziert. Voraussetzung dafür ist, dass er ausschließlich von Juden, die den Schabbat einhalten, gekeltert wird. Nachdem es hierzulande nicht so viele Juden gibt, um einen größeren Weingarten abernten zu können, werden auch Christen als Gehilfen akzeptiert. Diese müssen allerdings bei der Weinlese weiße Stoffhandschuhe tragen, um mit den Trauben nicht in Berührung zu kommen. Ganz wichtig ist auch noch, dass die Trauben erst im vierten Jahr nach der Auspflanzung der Rebe genommen werden. Hat ein Stock schon vorher einen Fruchtertrag, wird dieser einfach abgeschnitten und auf dem Boden liegen gelassen. Der Hintergrund: Kein Winzer soll in Versuchung kommen, einen frisch gepflanzten Weinstock schon sehr früh auf einen Ertrag hin anzuschneiden. Wichtiger ist es, dass sich die Pflanze über die Jahre kräftigt. Wenn dies der Fall ist, dann dürfen die Trauben verwendet werden. Es eignet sich jede beliebige Rebsorte für koscheren Wein. Der Ausbau ist vom trockenen Speisebegleiter bis zum süßen Dessertwein möglich. Über das ganze Prozedere wacht ein Rabbiner, der am Ende den Wein mit dem „koscher"-Stempel versieht.

Wie schmeckt nun koscheres Essen? Nicht anders als nicht-koscheres. Ein koscheres Wienerschnitzel von der Pute unterscheidet sich im Geschmack nicht von einem, das nicht nach rituellen Regeln herausgebacken wurde. Und so ist es bei Spaghetti und auch beim Wein. Und dennoch: Das Geschäft mit koscheren Lebensmitteln boomt. In der US-Nahrungsmittelindustrie war zwischen 2003 und 2008 ein jährlicher Zuwachs von 12,5 Prozent zu verzeichnen. In Dollar macht das jährlich 13 Milliarden aus. Eine Untersuchung hat gezeigt, dass bei gleicher Regalplatzierung eines koscheren und nicht-koscheren Konkurrenzprodukts sich das koschere um zwanzig Prozent besser verkauft. Die Erklärung: Nicht allein die 5,7 Millionen US-Juden essen koscher, sondern auch viele der 327 Millionen US-Amerikaner tun dies. Für sie ist koscher die höchste Reinheitsstufe und deswegen setzen sie in diese Produkte viel mehr Vertrauen als in jene, die mit dem Siegel „Bio" oder „vegan" versehen sind.

◆◇

SIND DIE SIEDLER EIN HINDERNIS FÜR DEN FRIEDEN?

→

*Die Antwort finden
Sie auf Seite 71.*

SIND DIE JUDEN EIN AUSERWÄHLTES VOLK?

AUF DIESE Frage folgt stets eine angeregte Diskussion. Tatsächlich gibt es nur wenige Aussagen über Juden, die von diesen selbst und auch von ihren Gegnern gleichermaßen bestätigt werden. Der Unterschied liegt freilich in der Interpretation der Formulierung „auserwählt sein". Juden wollen damit die Nähe ihres Volkes zu Gott belegt wissen, andere vermuten dahinter ein jüdisches Überlegenheitsgefühl, dessen Ziel die Kontrolle der ganzen Welt ist.

Jeder zweite Israeli stimmt dem Satz zu „Wir sind ein auserwähltes Volk". Unter jenen, die sich als religiös oder politisch am rechten Parteienspektrum stehend definieren, sind es sogar 79 Prozent. Sie berufen sich auf mehrere Stellen in der Bibel, von denen die zentrale jene im Buch Exodus (19,5) ist: „Wenn ihr auf meine Stimme hört und meinen Bund haltet, werdet ihr unter allen Völkern mein besonderes Eigentum sein. Mir gehört die ganze Erde, ihr aber sollt mir als ein Königreich von Priestern und als ein heiliges Volk gehören."

Gott hat sich sein Volk ausgesucht, einen „Bund" mit ihm geschlossen, was aber nicht bedeutet, dass Israel vom Rest der Welt abgesondert oder gar getrennt sei. Ganz im Gegenteil. Aus dem Bundesschluss erwächst für jeden Juden die Verpflichtung, die Gesetze der Tora einzuhalten, wie es die deutsche Religionswissenschaftlerin Francesca Albertini (1974–2011) ausdrückte: „Juden sind von Gott erwählt, damit sie ein Modell oder auch Vermittler zwischen Gott und der Schöpfung für alle Bevölkerungen auf Erden sind. Das ist eigentlich die große ethische Pflicht, die das moderne Judentum in der Auserwähltheit sieht."[16]

Ursprünglich wandte sich Gott mit seinem Angebot an die ganze Menschheit. Dies behauptete der deutsche Rabbiner Samson Raphael Hirsch (1808–1888). Aber Gott sei viermal gescheitert: bei Adam und Eva, bei Kain und Abel, bei Noah und bei jenen Menschen, die versucht hätten, mit dem Turmbau in Babel ihrem Schöpfer ebenbürtig zu werden.

Lange vor der Erwählung Israels hatte Gott mit den aus der Sintflut Geretteten den Noah-Bund (Gen 9,1–17) geschlossen. Zeichen dieses universalen Bundes ist der Regenbogen, der am Himmel für alle aufleuchtet. In diesem Bund gab es nur eine Verpflichtung: die darin festgelegten sieben Gebote, die man als eine Art Naturrecht bezeichnen könnte, zu halten.

Nachdem der Versuch Gottes, sich mit der ganzen Menschheit zu verbünden, mehrfach gescheitert war, erwählte er ein einziges Volk. Eines, mit dem er es auch nicht immer leicht hatte, wie die Propheten belegen. Im Vergleich mit dem universalen Noah-Bund erscheint der Bund Gottes mit Israel wie der Ausschnitt aus einem größeren Ganzen.

Aus der besonderen Auserwählung der Juden erwächst die Forderung, Verantwortung für die Welt zu übernehmen. Tatsächlich haben Juden ihre jeweiligen Gesellschaften und oft die ganze Welt entscheidend geprägt. Gemessen an der Tatsache, dass sie zahlenmäßig mit etwa 15 Millionen nur einen verschwindend kleinen Teil der Weltbevölkerung ausmachen, sind ihre Leistungen enorm. Naturwissenschaftlichen Weltruhm erlangten im 20. Jahrhundert der Psychiater Alois Alzheimer mit der von ihm entdeckten Demenzerkrankung oder die Physiker Albert Einstein, Edward Teller, Felix Bloch und Robert Oppenheimer. Zu nennen ist auch Carl Djerassi, der mit der Entdeckung der „Pille" die sexuelle Revolution der Nachkriegszeit mitbegründete. Zu großen geisteswissenschaftlichen Erkenntnissen trugen die Philosophen André Glucksmann, Theodor Adorno und Hannah Arendt bei. In der Welt der schönen Künste waren es unter anderem Luc Bondy, Daniel Barenboim, Nadine Gordimer, Roy Lichtenstein und viele mehr, die internationale Anerkennung fanden. Auch in der Politik waren und sind viele Juden aktiv, wie die drei US-Außenminister Henry Kissinger, Madeleine Albright und John Kerry. Mit ihren Ideen veränderten Karl Marx und Leo Trotzki die Welt, Bruno Kreisky, Nicolas Sarkozy oder auch Gregor Gysi prägten ihre Nationalstaaten. Besonders hoch ist die Dichte von Juden im Showbusiness. Sarah Jessica Parker, Gwyneth Paltrow, Barbra Streisand, Meryl Streep oder Goldie Hawn gilt es ebenso zu nennen wie Harrison Ford, Woody Allen, Billy Wilder, Dustin Hoffman, Sylvester Stallone, Michael Douglas, Peter Falk, Mel Brooks oder Marty Feldman. Auch viele berühmte Sänger und Liedermacher waren und sind Juden: Bob Dylan, Neil Diamond, Paul Simon, Art Garfunkel, Billy Joel, Lenny Kravitz. Ebenso die Literaten Amos Oz, Bashevi Singer oder Philip Roth. Die Liste prominenter Juden ließe sich beliebig fortsetzen.

Oft werden jüdische Leistungen nicht als solche erkannt, wie der in Berlin lebende Israeli Yair Kannai erzählte: „Mir ist in der Stadt ein großes Plakat von Amnesty International mit dem Text aufgefallen: Wer ein Leben rettet, der rettet die ganze Welt. Ich bin mir sicher, die meisten Leute, die bei Amnesty arbeiten, wissen nicht, woher der Satz kommt: nämlich aus dem Talmud. Das ist die Verantwortung, die wir als Juden haben: Die Welt zu einem besseren

Platz zu machen. Das hat gar nichts zu tun mit einem Gefühl, dass wir besser wären als andere Nationen."[17]

Auch Antisemiten strapazieren den Ausdruck „auserwähltes Volk". Nur meinen sie damit das Bestreben der Juden, für sich Privilegien einzufordern und die Weltherrschaft anzustreben. So behaupten sie fälschlicherweise, dass Juden keine Steuern zahlen, die Medien- und die Finanzwelt beherrschen würden und generell schuld an allen großen Problemen dieser Welt wären. Die Juden seien, so glauben Verschwörungstheoretiker, das „auserwählte Volk", das sich nicht in die Weltgemeinschaft eingliedern wolle.

Moderne Verschwörungstheorien wurzeln unter anderem im Roman „Biarritz" (1868) des preußischen Postsekretärs Hermann Goedsche, der auch unter dem Pseudonym „Sir John Retcliffe" veröffentlichte. Schlüsseltext des Romans ist eine Szene auf dem Prager Judenfriedhof, in der geschildert wird, wie alle hundert Jahre Vertreter der zwölf Stämme Israels am Grab des Kabbalisten Simeon ben Jehuda zusammenkommen. Dort überlegen sie Schritt für Schritt, wie sie die Weltherrschaft an sich reißen können: durch Staatsverschuldung, Unterjochung der Arbeiterklasse, durch Untergrabung der Autorität der christlichen Kirchen, Aushöhlung der Moral und durch die Schwächung der Armeen. Zugleich planen die versammelten Juden, den Handel zu beherrschen und im öffentlichen Dienst und im Kulturbereich Schlüsselpositionen zu besetzen. Wörtlich legt Goedsche einer seiner jüdischen Figuren folgende Worte in den Mund: „Achtzehnhundert Jahre führt das Volk Israels den Kampf um die Herrschaft, die Abraham versprochen worden und die das Kreuz uns entrissen ... Wenn alles Gold der Erde unser ist, ist alle Macht unser. Das Gold ist das neue Jerusalem – es ist die Herrschaft der Welt. Es ist Macht, es ist Vergeltung, es ist Genuß, also alles, was die Menschen fürchten und wünschen. Das ist das Geheimnis der Kabbala, der Lehre von dem Geist, der die Welt regiert, von der Zukunft! ... Wenn das Gold die erste Macht der Welt ist, so ist die Presse die zweite ... Nur wenn wir haben die Presse in unserer Hand, werden wir kommen zum Ziel. Unsere Leute müssen regieren die Tagespresse. Wir sind gewandt und schlau und besitzen Geld, das wir unseren Zwecken dienstbar zu machen verstehen ... Wir werden daraus [Anm: aus der Presse] verdrängen Schritt um Schritt die Christen, dann können wir diktieren der Welt. Mit der Presse in unserer Hand können wir verkehren Recht in Unrecht, Schmach in Ehre. Wir können erschüttern die Throne und trennen die Familie ... Wir können ruinieren den Kredit und erregen die Leidenschaften. Wir können machen Krieg und Frieden."[18]

In diesem Kapitel kommen all jene Reizwörter vor, die für viele Christen negativ besetzt waren: die zwölf Stämme Israels, der Hoherat der Juden, die Auserwähltheit des jüdischen Volkes, die angebliche Geheimwissenschaft der Kabbala. Diese Thesen, die Goedsche in der mystischen Szene der Nacht am Prager Friedhof zu einer Weltverschwörungstheorie verdichtet, werden bis heute im rechten politischen Spektrum vertreten. Sie sprechen vom „verjudeten Kapital" in New York oder von der „Ostküste" und meinen damit die „verjudete US-Administration" in Washington. Beides verbinden sie schließlich mit der Globalisierung, die sie für alles Unheil in dieser Welt verantwortlich machen. Manche Verschwörungstheoretiker behaupteten sogar, die Juden hätten den Krieg in Syrien angezettelt, um Europa mit muslimischen Flüchtlingen zu überschwemmen.

Den alten, kämpferischen Antisemitismus gibt es in dieser Form heute nicht mehr, der Judenhass ist trotzdem nicht verschwunden. Er bedient sich mittlerweile einer gesellschaftlich akzeptierten Sprache. Die alten Vorurteile sind geblieben, sie erscheinen nur in neuen Kleidern. Oder wie es die österreichische Dokumentarfilmerin Ruth Beckermann formuliert: „Antisemitismus und Fremdenfeindlichkeit sind keine Überreste, sondern konstituierende Bestandteile der österreichischen Identität."[19]

Juden werden hierzulande immer noch kritischer bewertet als Nichtjuden, eine unverkrampfte Beziehung gibt es selten. Manchmal verkehrt sich der Antisemitismus in sein Gegenteil, den

Philosemitismus. Philosemiten verklären die jüdische Kultur und ergehen sich in unkritischer Judenliebe. Sie lieben die Juden, weil sie diese am Ende zu Jesus bekehren wollen.

Wenn man nun die 4000-jährige Geschichte der biblischen Israeliten, des nachbiblischen Judentums und des modernen Israel betrachtet, stellt man sich tatsächlich die Frage, ob es sich nicht zumindest um ein „besonderes Volk" handelt. Es kann auf eine einzigartige Geschichte verweisen. Vergleicht man die jüdische Kultur mit der griechischen, dann stellt man fest, dass die Blütezeit der Griechen etwa 600 Jahre lang dauerte. Dann wurden die Hellenen wieder das, was sie vor ihrem Aufstieg gewesen waren: Hirten und Bauern. Das Judentum hingegen kann auf eine 4000-jährige Kulturgeschichte zurückblicken. Tatsächlich passen alle Völker und Kulturen dieser Welt – nur eben nicht die Juden – in das Schema des deutschen Kulturhistorikers Oswald Spengler, der alle Zivilisationen in einen Lebenszyklus eingebunden sieht. Den frühen Aufstieg setzt er im Frühling an, die Reifung mit den größten physischen Errungenschaften im Sommer, ein verlangsamtes Wachstum, das aber zugleich die größten intellektuellen Leistungen hervorbringt, im Herbst und schließlich folgen im Winter Abstieg und Ende.

Interessant ist auch, dass alle großen Zivilisationen, die zeitgleich mit dem Judentum entstanden sind, die Babylonier, die Hethiter, die Assyrer u. a. aus der Geschichte verschwunden sind. Die Ägypter, Chinesen und Hindus haben zwar eine ähnliche lange Bestandsgeschichte wie die Juden, aber sie unterscheiden sich in einem wesentlichen Punkt: Sie hatten zeitlich beschränkte Schaffensperioden, während das Haus Israel immer wieder zu kulturellen und wissenschaftlichen Impulsen fähig war. Zudem schaffte es das Judentum, seine Grundideen an andere Religionen weiterzugeben: an das Christentum und an den Islam.

Dabei waren die Rahmenbedingungen für die Juden über lange Zeiträume denkbar schlecht: Aus dem eigenen Land wurden sie im Jahre 70 nach Christus von den Römern vertrieben. Für sie war es fortan notwendig, sich in fremden Zivilisationen durchzusetzen, um überleben zu können. Die Gefahr, assimiliert zu werden, war groß. Trotz dieser Hindernisse erhielten sich die Juden über Jahrtausende ihre Identität. Ihre Erkenntnisse brachten sie nicht nur in einer Sprache, sondern in vielen Sprachen zum Ausdruck. Verglichen mit anderen Hochkulturen hinterließen sie aber nur wenige materielle Güter oder Großbauten. Ihr Erbe besteht häufig in Texten oder in Ideen.

Zieht man nun in Betracht, dass die Israeliten ein kleines Beduinenvolk waren, das in der umkämpften Landbrücke zwischen Asien und Afrika stets davon bedroht war, von den benachbarten Großkulturen zerrieben zu werden, dann kommt man zur Erkenntnis, dass die Juden ein einzigartiges Volk darstellen.

Der Gedanke, auserwählt zu sein, macht Juden heute stolz und nimmt ihnen die Angst, mit der sie in den Jahrtausenden der Vertreibung und Verfolgung konfrontiert waren. Diese Erwähltheit, so schreibt der New Yorker Rabbiner und Religionswissenschaftler Arthur Hertzberg, „mag eine Illusion sein oder zumindest eine Übertreibung, doch sie ist der eigentliche Kern des jüdischen Selbstbildnisses. Sie hat uns den Mut gegeben, Generation für Generation weiterzumachen und unsere Kinder in unserer Tradition und Gemeinschaft großzuziehen."

Selbst ein wenig religiöser Jude, wie dies Israels erster Ministerpräsident David Ben Gurion war, hatte das Selbstbewusstsein des Auserwähltseins verinnerlicht, wenn er sagte: „Ich glaube an unsere moralische und intellektuelle Überlegenheit, an unsere Fähigkeit, als Vorbild für die Erlösung des Menschengeschlechts zu dienen. Diese meine Überzeugung gründet sich auf meiner Kenntnis vom jüdischen Volk und nicht auf einen mystischen Glauben; die Herrlichkeit der Gegenwart Gottes ist in uns, in unseren Herzen, nicht außerhalb von uns."[20] Mit einem Beigeschmack von Bitterkeit bilanziert hingegen der israelische Journalist Amotz Asa-El, wenn er sagt: „Die Kosten des Auserwähltseins waren immer viel höher als der Nutzen."[21]

◆◇

WER IST EIN ORTHODOXER JUDE?

ES IST ein heißer Sommertag in Jerusalem. Das Thermometer nähert sich der 40-Grad-Marke. Touristen tragen Wasserflaschen in der Hand, fächeln sich kühlende Luft zu und schleichen an Häuserfronten entlang, die ein wenig beschattet sind. Uns kommt schnellen Schrittes ein Mann mit breitkrempiger Fellmütze, einem schwarzen, knielangen Kaftan aus Seide, Kniebundhosen und weißen Strümpfen entgegen. Neben ihm seine Frau, vermutlich noch keine 25 Jahre alt, die hochschwanger einen Kinderwagen mit einem Kleinkind vor sich herschiebt. An diesem hält sich auf der einen Seite ein Bub fest, an der anderen Seite ein Mädchen. Alle sind sie adrett gekleidet. Auf den zweiten Blick erkennt man, dass die Frau eine Perücke trägt – sie hat sich aus religiösen Gründen eine Glatze rasieren lassen. Es sind orthodoxe Juden, die am Schabbat in der Altstadt von Jerusalem am Weg zur Westmauer sind, um dort zu beten.

Manche orthodoxe Juden tragen Kaftane, die ein wenig an Hausmäntel erinnern, andere wiederum schlichte schwarze Anzüge. Sie haben eine schwarze, schmucklose Kippa unter ihrem

Borsalino-Hut. Konzession an die Hitze des Tages macht keiner von ihnen. Man ist sichtlich stolz auf die Kleidung, an der man die einzelnen Gruppierungen erkennen kann. Diese sind so vielfältig, dass selbst kundige Israelis nicht wissen, wer welcher Tradition folgt. Es kommt nämlich nicht allein auf die Kleidung an, sondern auch auf die richtige Kombination von Hut, Strümpfen, Bartschnitt und Schläfenlocken.

Das orthodoxe Judentum teilt sich in zwei große Gruppen: die Charedim, oft auch als Ultraorthodoxe bezeichnet, und die modernorthodoxen Juden. Die Charedim haben sich ihrerseits auch in zwei Gruppen aufgespalten: in jene aus Litauen, die als nüchtern und gebildet gelten und für die ein hartes Bibelstudium der beste Weg ist, Gottes Gebote zu erfüllen, und die chassidischen Juden. Letztere haben eine positiv-fröhliche Lebenseinstellung, in der Spiritualität und Mystik eine große Rolle spielen. Freude, Tanz und Gesang gehören zum Alltag. Damit hat sich der Chassidismus als eine Alternative zu der streng orthodoxen Form des klassischen Rabbinismus und auch zu jener der rein theoretischen Kabbala positioniert. Diese Richtung der Orthodoxie hat sich seit dem 18. Jahrhundert in Osteuropa rasch verbreitet.

Die Chassiden wiederum zerfallen auch in zwei Richtungen: in die Chabad-Bewegung und in die streng antizionistischen Satmarer. Die jeweiligen Untergruppen werden „Höfe" genannt, die nach jenen osteuropäischen Städten benannt sind, in denen der von ihnen wie ein Heiliger verehrte Rabbiner und Gründer ihres „Hofes" lebte. So gibt es die Belser und die Wischnitzer Chassiden, die Lubliner und Sassower, die Bojaner und die Munkatscher – und noch Hunderte weitere Strömungen mehr.

Prinzipiell unterscheiden sich die Gruppen in ihrer Religiosität. Die strengsten unter ihnen setzen auf eine radikal-religiöse Erziehung und zugleich auf eine Abschottung von der modernen Welt. Das führt dazu, dass die säkulare Bildung auf ein Minimum reduziert wird. So sprechen zum Beispiel Chassiden, die im Herzen von New York leben, kaum Englisch, sondern nur Jiddisch.

Die ausschließliche Kenntnis der eigenen Sprache dient auch als Schutzwall gegen die säkulare Welt „draußen", von der sie behaupten, dass diese die Juden ohnedies nur hasse. Bei vielen Gruppen ist das Internet offiziell genauso tabu wie das Fernsehen.

Die Abgrenzung von der nicht-jüdischen Welt war auch der ursprüngliche Entstehungsgrund für die Orthodoxie im 18. Jahrhundert in Europa. Als Gegenstrategie zur Aufklärung betonte sie die strenge Einhaltung der Vorschriften der Tora und des Talmud. Die Anpassung religiöser Überlieferungen an die jeweilige Zeit lehnte sie und lehnt sie nach wie vor strikt ab. Für Orthodoxe ist die Tora absolut unveränderbar, weil sie direkt von Gott stammt. Ihr Bestreben ist es vielmehr, die biblischen Gesetze auch im heutigen Leben einzufordern. Aus dem Verbot, am Schabbat Feuer zu machen, leiten sie ab, dass man deshalb auch nicht Auto fahren oder mit einem Flugzeug fliegen dürfe. Deshalb müssen die Flieger der israelischen Airline ELAL am Schabbat am Boden bleiben.

Ein zentrales Thema des orthodoxen Judentums ist der Glaube an das Kommen des Messias, der sein Volk erlösen und die anderen Völker dazu bringen wird „Schwerter zu Pflugscharen" (Jes 2,4) zu schmieden. Ihm fällt die Aufgabe zu, sein Volk wieder ins verheißene Land zu führen und den zerstörten Tempel wieder neu zu errichten. Einige orthodoxe Richtungen lehnen den politischen Zionismus ab, denn man dürfe dem Messias nicht vorgreifen. Andere wiederum sehen in der ursprünglich säkularen Bewegung Theodor Herzls eine wichtige Vorbereitung auf dessen Ankunft.

Gegen die Orthodoxie stellte sich das Reformjudentum, das auch Liberales Judentum genannt wird. Es nahm seinen Ausgang im 19. Jahrhundert in Deutschland. Es ist eine erste moderne Interpretation des Judentums, eine Antwort auf die sich verändernden Bedingungen außerhalb der ehemals geschlossenen Welt des „Stetls". Der Unterschied zur Orthodoxie besteht in der Bewertung der Tora. Reformierte Juden glauben auch, dass es sich dabei um das Wort Gottes handelt, aber dass es von Menschen aufgeschrieben wurde. Deshalb dürfen die dort niedergeschriebenen Lehrsätze weiterentwickelt werden. Im Gegensatz zur Orthodoxie glauben Reformjuden auch nicht an einen Messias aus dem Hause Davids, sondern an eine messianische Zeit, die für die gesamte Menschheit anbrechen wird. Diese soll von Israel ausgehen und andere Völker auf den Weg der Brüderlichkeit und des Friedens führen.

Gegen die zu weit reichenden Ansätze des Reformjudentums richtete sich das Konservative Judentum, das in der zweiten Hälfte des 19. Jahrhunderts ebenfalls in Deutschland entstand. Die Konservativen befürworten zwar Reformen, gehen aber nicht so weit wie die Reformer. Sie suchen einen Mittelweg.

Touristen sehen in den Ultraorthodoxen – mit einem Anflug von Nostalgie – Vertreter einer Welt, die in Osteuropa ausgelöscht wurde. Israels säkulare Mehrheit verklärt die Orthodoxen jedoch weniger, denn diese versuchen, immer stärkeren Einfluss auf die Politik des Landes zu nehmen. Mittlerweile ist bereits einer von neun Israelis ultraorthodox. Und bei der höchsten Geburtenrate aller Bevölkerungsgruppen im Land werden sie bald über noch mehr politisches Gewicht verfügen. Bald nach der Gründung des Staats 1948, als sie noch eine verschwindende Minderheit von ein paar tausend Männern waren, verfügten sie über einen enormen Einfluss. Israels erster Ministerpräsident David Ben Gurion wollte sich nämlich die Unterstützung von ultraorthodoxen Rabbinern sichern und machte ihnen weitreichende Zugeständnisse. Nur sie – und nicht die Rabbiner der Reformbewegung oder der konservativen Strömung – können Ehen schließen, das Scheidungsrecht exekutieren und in Adoptionsfragen entscheiden. Weltliche Institutionen, die sich dieser Fragen annehmen, gibt es im Judenstaat nicht. Wenn ein atheistischer Jude aus weltanschaulichen Gründen nicht vor einem orthodoxen Rabbi heiraten will, ist er gezwungen, dies im Ausland zu tun. Seine Heiratspapiere lässt er dann in Israel anerkennen.

Ben Gurion sicherte den Ultraorthodoxen aber auch noch zu, dass sie keinen Militärdienst leisten müssen und dass sie eine finanzielle Unterstützung vom Staat erhalten, wenn sie in einer Talmudhochschule studieren. Die Unterstützung ist sehr gering, weshalb

viele Betroffene unter der Armutsgrenze leben. Weil es aber mittlerweile so viele Religiöse gibt, die dieses lebenslange Stipendium be-
anspruchen, belastet dies die Staatsfinanzen erheblich. Das wiederum ärgert säkulare Israelis, die betonen, dass sie es sind, die im
Militär das Überleben des Staates sichern. Sie müssten außerdem
hohe Steuern für Gruppierungen im Land zahlen, die ihnen nicht
wohlgesonnen seien. Tatsächlich wollen die Ultraorthodoxen die
Freiheiten der säkularen Juden einschränken, wenn sie beispielsweise fordern, dass in öffentlichen Bussen die Männer vorne, die
Frauen hinten sitzen sollen. Oder dass am Schabbat im weltoffenen
Tel Aviv alle Kinos und Restaurants geschlossen haben müssen.
Kompromisse wollen die Ultraorthodoxen keine eingehen, denn
ihnen gehe es ausschließlich um die Wahrheit. Und die Wahrheit
vertrage eben keine Kompromisse.

WAS HAT DAS JUDENTUM FÜR DIE WELT GELEISTET?

25

MANCHE LEISTUNGEN von Religionen sind von so hohem Wert, dass sie auch von anderen übernommen werden. Ein klassisches Beispiel ist das Gebot der Nächstenliebe im Markusevangelium (12,33) „Du sollst deinen Nächsten lieben wie dich selbst". Wenn man gläubige Christen fragt, dann schreibt eine überwältigende Mehrheit diese Aufforderung Jesus zu, um dessen Menschenfreundlichkeit zu belegen. Damit ist es auch schon ein christliches Gebot geworden und hat mit dem Judentum scheinbar nichts mehr zu tun, aus dem es aber ursprünglich stammt. Nachzulesen ist dies im Buch Levitikus 19,18.

Das Judentum hat die Welt nachhaltig verändert. Zentrale Errungenschaften sind:

DER MONOTHEISMUS

Traditionell wird dem biblischen Volk Israel die „Erfindung" des Eingottglaubens zugeschrieben. Das stimmt nicht ganz, denn im alten Ägypten des 14. vorchristlichen Jahrhunderts predigte der Pharao Echnaton bereits Ansätze des Monotheismus, indem er Aton zum alleinigen Gott erhob. Da er jedoch die Existenz anderer Götter nicht bestritt und auch deren Verehrung nur teilweise unterband, spricht man in diesem Fall nicht von einem strengen Monotheismus, wie man ihn bald danach im Judentum vorfindet. Einen solchen setzen Religionswissenschaftler bei den Israeliten in der Zeit um 1250 vor Christus, der Zeit Mose, an.

Die Hinwendung zu einem einzigen Gott und die damit verbundene Abkehr von anderen Gottheiten war für das Volk Israel nicht leicht, wie die Erzählung vom Goldenen Kalb zeigt. Die Israeliten verehrten es, während Mose auf dem Berg Sinai die zehn Gebote empfing. Noch 400 Jahre später musste der Prophet Elias – und nach ihm auch noch viele andere Propheten – gegen fremde Götter ankämpfen. Aber trotz aller Rückfälle der Israeliten – die Abkehr vom Polytheismus war eine religiöse Revolution.

Das Abendland übernahm erst 1500 Jahre nach Israel den Glauben an einen einzigen Gott. Dieser Behauptung liegt die Zeitrechnung zugrunde, nach der Moses um 1250 vor Chr. der erste Jahwe-Monotheist gewesen sei und Rom erst mit dem Toleranzedikt von Mailand im Jahr 313 n. Chr. den Eingottglauben akzeptiert habe.

DAS VERBOT VON MENSCHENOPFERN

Mit dem Glauben an einen guten Gott, der den Menschen nach seinem Bild erschuf (Gen 1,1 ff), wurde im Judentum das Menschenopfer verboten. Sehr bewegend wird dies im Buch Genesis (Kapitel

22) in der „Opferung des Isaak" geschildert. Abraham war zwar bereit, seinen einzigen Sohn am Brandopferaltar hinzugeben, ein Engel gebot ihm aber Einhalt. Stattdessen schlachtete er einen Widder. Menschenopfer wurden tatsächlich in allen frühen Kulturen, im alten Mesopotamien, bei den Germanen, in Polynesien und auch in den indianischen Kulturen dargebracht. Das Judentum ersetzte diese als erste Religion durch „Pars-pro-toto-Opfer", durch die Beschneidung.

DIE DEMOKRATISIERUNG DER RELIGION

Seit dem Bau des ersten Tempels in Jerusalem um das Jahr 960 bis ins sechste Jahrhundert vor Chr. war der König Israels als „königlicher Hohepriester" der oberste Repräsentant seines Volkes vor Gott. Er ging in den Tempel und betete für sich und sein Volk. Im Jahr 587 vor Chr., als die Judäer ins Babylonische Exil verschleppt wurden und die Gottesverehrung im Tempel unmöglich wurde, änderte sich dies grundlegend. Durch die Zwangsdeportation konnten die Juden fortan ihrem Gott nicht mehr opfern, denn der Tempel stand in Jerusalem (Psalm 137). Jahwe war eine Lokalgottheit und seine Macht reichte nicht bis ins Zwischenstromland zu seinem exilierten Volk. Die Idee eines universell gedachten Gottes entwickelte sich erst später.

Im Exil – im Gebiet des heutigen Irak – erlöste der Prophet Ezechiel sein Volk aus dieser verzweifelten Situation der Gottesferne. Er versammelte die Menschen zu Gebetsgottesdiensten und ersetzte damit die Tieropfer des Tempels durch Gebetsopfer und Gesänge. Damit schuf er eine Institution, die man fortan hebräisch als „Beit ha Knesset" oder griechisch als „Synagoge", als „Ort der Versammlung", bezeichnete.

Um einen Synagogengottesdienst feiern zu können, braucht es bis heute im Judentum nur zehn männliche Juden, aber keinen König, keinen Priester, nicht einmal einen Rabbiner. Damit wurde die einst an den König delegierte Gottesbeziehung auf das Individuum übertragen.

Wie revolutionär diese Entwicklung war, zeigt ein Blick auf das antike Rom. Es war Kaiser Augustus (63 vor bis 14 nach Chr.), der als Mittler zwischen den Göttern und seinen Untertanen für sich göttliche Verehrung beanspruchte. Zu diesem Zeitpunkt hatte Israel die Vorstellung eines „königlichen Hohepriestertums" bereits sechs Jahrhunderte lang abgelegt.

Diese Demokratisierung der Religion ist bis heute nicht in allen Glaubensgemeinschaften vollzogen. Eine dieser stark hierarchisch und auch autoritär geprägten Religionen ist jene der Drusen, die heute noch ein repräsentatives Religionsmodell pflegen, bei dem eine kleine Priesterkaste das Volk vor Gott vertritt. Der einzelne Druse kennt deswegen auch nicht den Inhalt seiner heiligen Bücher, er geht in kein Gebetshaus, wie dies die Gläubigen der Buchreligionen tun. Er delegiert bis heute alle Glaubensfragen an die „Eingeweihten".

AUG' UM AUG'

Eine der großartigsten Regeln, die das Judentum, wenn schon nicht selbst aufgestellt, so zumindest überliefert hat, ist der Satz aus Exodus 21, 23–25, der lautet: „Ist weiterer Schaden entstanden, dann musst du geben: Leben für Leben, Auge für Auge, Zahn für Zahn, Hand für Hand, Fuß für Fuß, Brandmal für Brandmal, Wunde für Wunde, Strieme für Strieme." Dieser Vers, der immer wieder als eine Form der Rache fehlinterpretiert wird, ist ein Rechtsgrundsatz, der die im Alten Orient weit verbreitete Blutrache eindämmte, indem er eine Verhältnismäßigkeit von Vergehen und Strafe postulierte. Auch wurde mit dieser Bestimmung die Gleichheit von Armen und Reichen vor dem Gesetz festgeschrieben. „Aug' um Aug'" hat also absolut nichts mit Rachegedanken zu tun.

Dieses Gesetz wurde aber nicht im biblischen Israel entwickelt, sondern es geht auf den Codex des babylonischen Königs Hammurabi (1792–1750 v.Chr.) zurück, der formulierte: „Gesetzt, ein Mann hat das Auge eines Freigeborenen zerstört, so wird man sein Auge zerstören. Gesetzt, ein Mann hat einem anderen ihm gleichgestellten Manne einen Zahn ausgeschlagen, so wird man ihm einen Zahn ausschlagen." Die Israeliten haben diesen Gedanken übernommen und überliefert.

DIE BETONUNG DES INDIVIDUUMS

Der Apostel Paulus wird als erfolgreicher Missionar allgemein dem Christentum zugerechnet, auch wenn er von Geburt Jude war. Geboren in Tarsus (heute Südtürkei), erfuhr er in Jerusalem bei dem berühmten Rabbi Gamaliel I. eine hervorragende Ausbildung. Mit seiner Bekehrung in Damaskus glaubte er zu erkennen, dass der Hellenismus und auch das Judentum in der Gottesfrage versagten. Denn die wortwörtliche Auslegung der Tora, wie er sie als Pharisäer selbst lange gepflegt hatte, und auch das Bemühen um Weisheit, wie die Griechen es praktizierten, seien alles nur Versuche, die Götter gnädig zu stimmen. Paulus drehte nun die Mensch-Gott-Beziehung um: Künftig bedurfte es keiner Opfer, um Gott gnädig zu stimmen, sondern Gott war der Handelnde. Er verschenkte Gnade. Und zwar nicht kollektiv an ein Volk, sondern individuell an jeden Einzelnen. Aus diesem Gnadengeschenk an jede Person folgt, dass jeder Einzelne vor Gott wertvoll ist. Und wenn er es vor Gott ist, dann erst recht vor den Menschen. Jedem Einzelnen kommt somit ein unersetzlicher Wert zu, ungeachtet von Geschlecht, Alter oder Vermögen. Diese Botschaft verbreitete sich vor allem in den unteren sozialen Klassen im Römischen Reich rasch. Deswegen war die urchristliche Mission dort so erfolgreich. Diese Botschaft brachte einen Begriff hervor, der das Abendland nachhaltig prägen sollte: jenen des Individuums.

Diese Vorstellung von der „Wertgleichheit" der Menschen wird in der Französischen Revolution erweitert, indem sie jedem Menschen auch dasselbe Recht vor dem Gesetz zugesteht.

◆◈

WIE VERSTEHEN JUDEN DIE TORA?

MEIN FREUND Doron, ein Reiseleiter aus Jerusalem, stellt sich seinen Gästen stets mit den Worten vor: „Ich bin ein hier im Land geborener Jude, ich bin nicht religiös, gehe nicht in die Synagoge, fahre am Schabbat mit dem Auto und esse Shrimps. Ich bin ein säkularer, politisch interessierter Israeli." Umso mehr erstaunt es die Reisenden, wenn er vertraut und detailreich von König David erzählt, wenn er vom Siegeslied der Deborah (Richter 5,1 ff) am Berg Tabor schwärmt und die jüdischen Speisevorschriften mit dem Deuteronomium (14,3 ff) erklärt. Zudem rezitiert der 65-jährige Doron das Totenlied des David an König Saul (2 Samuel, 19 ff) auswendig. Er hat es in einer säkularen Schule gelernt. „Tatsächlich gibt es in Israel mehr bibelkundige Atheisten als sonst auf der Welt"[22], stellte der israelische Schriftsteller Amos Oz (1930–2018) treffend fest.

Die umfangreiche Bibelkenntnis eines nicht-religiösen Juden lässt gläubige Christen staunen, denn sie selbst sind meistens nicht ganz so bibelfest. Sie sind enttäuscht, wenn man ihnen mitteilt, dass Veronika mit dem Schweißtuch in den Evangelien gar nicht vorkommt, und sie sind befremdet, wenn man ihnen erklärt, dass Josef kein Zimmermann war, sondern ein Baumeister, der bevorzugt mit Stein und nicht mit Holz arbeitete. So manche Vorstellung – wie die des Zimmermanns – ist der fehlerhaften Bibelübersetzung Martin Luthers geschuldet.

Der unterschiedliche Zugang der Juden und der Christen zu ihren jeweiligen heiligen Schriften ist einfach zu erklären. Juden lesen die Bücher des Ersten Testaments als die Geschichte ihres Volkes. Christen hingegen sehen im Neuen Testament eine Art spirituelle Erbauungsliteratur. Dem Alten Testament schreiben sie nur einen geringen Eigenwert zu. Die Texte der Propheten werden primär mit dem Fokus auf Christus hin gelesen. Ihre Aufgabe bestehe darin, auf Jesus zu verweisen und dessen Legitimität abzusichern. Damit soll bewiesen werden, dass der Nazarener der seit Jahrhunderten vorausgesagte „Retter der Welt" ist. Besonders gerne wird der Text des Propheten Michas (5,1 ff) herangezogen: „Aber du, Bethlehem-Efrata, bist zwar klein unter den Sippen Judas, aus dir wird mir einer hervorgehen, der über Israel herrschen soll. Seine Ursprünge liegen in ferner Vorzeit, in längst vergangenen Tagen. Darum gibt er sie preis, bis zu der Zeit, da die Gebärende geboren hat."

Allein die Bezeichnung der unterschiedlichen Teile der Bibel – Altes und Neues Testament – bringt dies zum Ausdruck. Altes wird gleichgesetzt mit überholt, Neues hingegen mit aktuell. Das Neue ersetzt und überlagert das Alte. Genau das beabsichtigte ein reicher Reeder und kirchlicher Irrlehrer namens Markion (85–160). Er war der Überzeugung, dass Jesus mit dem Gesetz gebrochen habe, weswegen die jüdischen Schriften keine Relevanz mehr für das Christentum hätten und folglich abgelehnt werden müssten. Er berief sich dabei auf das Matthäusevangelium (9,17): „Auch füllt man nicht neuen Wein in alte Schläuche. Sonst reißen die Schläuche, der Wein läuft aus, und die Schläuche sind unbrauchbar." Markion vertrat die Ansicht, dass mit den alten Schläuchen die „alten" hebräischen Schriften und das Judentum gemeint seien. Markions geistiges Erbe lebt in der Bezeichnung „Altes Testament" bis heute fort.

Juden lesen ihre heiligen Schriften als Geschichtsbuch. Sie sehen darin den Nachweis dafür, dass ihre Vorväter den kleinen Landstreifen zwischen dem Mittelmeer und dem Jordan besiedelt haben. Das begriff auch der Wiener Jude Theodor Herzl, der den Juden ursprünglich in Argentinien oder in Afrika eine „nationale Heimstätte" schaffen wollte. Nur in Palästina konnte die Errichtung einer solchen möglich sein. „Wenn ihr wollt, ist es kein Märchen." Dieses Motto stellte er seinem 1902 erschienen utopischen Roman „Altneuland" voran. Weniger als 50 Jahre danach, am 14. Mai 1948, erfüllte sich der Traum von der Gründung des Judenstaates.

Die Bibel ist freilich kein Grundbuchauszug, mit dem man aktuelle Politik machen kann, aber sie ist immerhin der Beleg dafür, dass das moderne Israel seine Wurzeln in diesem Land hat. Deswegen freut man sich in Israel über archäologische Funde, die dies belegen. Als 1947 ein Beduine am Nordostufer des Toten Meers zufällig die ersten Schriften der Qumran-Essener fand, führte dies zu einer nationalen Euphorie. Die Zeitungen waren voll von Berichten, selbst Taxilenker diskutierten mit ihren Fahrgästen über die Bedeutung der Schriftrollen. Und als wenige Jahre danach der israelische Archäologe und Herodes-Experte Ehud Netzer in Masada mit seinen eigenen Händen eine Torarolle der aufständischen Juden ausgrub, weinte er. Vielen säkularen Israelis sind die Schriften der Bibel heilig, auch wenn sie im Gegensatz zu den orthodoxen Juden nicht daran glauben, dass die Texte direkt von Gott stammen. Aber es sind eben Schriften, die die Geschichte ihres Volkes und ihres Landes erzählen und die somit in hohem Maße identitätsstiftend sind.

Üblicherweise schreiben die Sieger Geschichte und preisen ihre Heldentaten. Nicht so im Judentum und seinen biblischen Geschichtsbüchern. Sie berichten ihren Nachkommen ohne jede Beschönigung von eigenen Misserfolgen und Missetaten: von ihren

Sünden und von göttlichen Strafen. Sie berichten von Niederlagen und dem Exil, von Katastrophen und Flucht. Es ist keine leichte Geschichte, die an die Kinder weitergegeben wird. Es kommen nur wenige Könige vor, keine prunkvollen Schlösser und keine Ritter in strahlenden Rüstungen. Es ist eine Geschichte, die mehr von Opfern als von Helden zu erzählen weiß. Es ist die Geschichte des jüdischen Volkes.

Der in diesem Buch schon mehrfach zitierte israelische Schriftsteller Amos Oz sagte mir einmal in einem Interview: „Es genügt nicht, dass wir heute in Israel allein den Tanach (Anmerkung: Das Alte Testament) lesen. Auch das Neue Testament müsste zur Pflichtlektüre gehören. Denn sonst versteht man die ganze europäische Kultur nicht. Nicht die Malerei, nicht die Musik. Und dieses Europa hat uns doch bei all seinen Hässlichkeiten der Verfolgung auch nachhaltig positiv geprägt." [23] Dem kann man nur zustimmen. Man muss die Aussage aber um die Aufforderung ergänzen: Christen sollten auch das Alte Testament unvoreingenommen lesen, denn auch die Juden haben Europa nachhaltig positiv geprägt.

WIE KANN MAN SICH DAS LAND ZUR ZEIT JESU VORSTELLEN?

—

RELIGIÖSE CHRISTEN reisen nach Israel, um Jesus näherzukommen. Sie hoffen auf eine Vertiefung ihres Glaubens, auf eine Bestätigung jener Botschaft, nach der sie ihr bisheriges Glaubensleben ausgerichtet haben. Oder sie erhoffen sich eine Erweiterung ihres spirituellen Horizonts. Manche Erwartungen werden erfüllt, manche auch nicht. Eines aber steht fest: Die meisten Pilger haben am Ende der Reise mehr Fragen als zuvor. Der Glaube ist eben keine fixe Größe, sondern etwas, worum man immer wieder ringen muss. Glauben bedeutet zu vertrauen, aber auch fortwährend zu fragen, auch wenn man riskiert, keine Antworten zu bekommen.

Eine Reise in das Land, in dem das Christentum seinen Anfang genommen hat, ist somit nicht der Endpunkt einer spirituellen Suche, sondern womöglich ein Neuanfang. Einer, der sich schwierig gestalten kann, stehen die Reisenden doch vor der Aufgabe, die Bilder ihrer frühen Kindertage, die sie von Betlehem, Nazareth und

Jerusalem in sich tragen, mit der Realität des Landes in Einklang zu bringen. Dabei muss man auch akzeptieren, dass manches völlig anders ist als erwartet.

Noch schwieriger gestaltet sich die Reise für Menschen, die im Glauben unsicher geworden sind. Sie setzen hinter viele Glaubensbekenntnisse ein Fragezeichen und erwarten sich von ihrem Aufenthalt in Galiläa und Jerusalem womöglich eine Klärung. Vielleicht auch mehr Sicherheit. Dafür ist Jerusalem keine gute Adresse. Zu oft wurde die Stadt zerstört und wiederaufgebaut, zu oft haben die Religionen dort gewechselt und jedes Mal ist sie aufs Neue nach den Vorstellungen der jeweiligen Herrscher architektonisch umgestaltet worden. Das wenige, was an das Leben und Wirken Jesu erinnert, ist so sehr überbaut und von europäischen Traditionen überdeckt, dass ein Blick auf das Ursprüngliche schwerfällt.

Galiläa hingegen ist anders, wie Nikos Kazantzakis, Autor des „Alexis Sorbas", schreibt: „Galiläa mit seiner idyllischen Anmut, seinen harmonischen Bergen, seinem blauen Meer und dem kleinen, entzückenden See, erstreckt sich hinter den Schultern Christi. Galiläa ist ein einfacher und lichter Kommentar zum Text des Neuen Testamentes; Gott offenbart sich in Galiläa als friedlicher, genügsamer, fröhlicher, guter Mensch." [24] Kazantzakis spricht es an: In Galiläa kann man Jesus nahekommen. Der See ist noch da wie vor 2000 Jahren, auch das Taubental unter dem Berg Arbel, das Jesus durchschritten hat, wenn er von Nazareth kam. Das Land ist immer noch so fruchtbar wie einst und die kalten Winde fallen vom Berg Hermon auch heute noch beinahe 3000 Höhenmeter herab und wirbeln die warme Luft über dem 212 Meter unter dem Meeresspiegel gelegenen See auf. Stürme auf dem See, wie ihn Jesus gestillt hat (Mt 8,23–25), sind bis heute keine Seltenheit.

Eine Möglichkeit, sich christlichen Glaubensinhalten anzunähern, ist es, sich in die Zeit und an die Orte des Neuen Testaments zurückzuversetzen. Dann wird man leichter verstehen. An der Geschichte der Stadt Tiberias lässt sich dies verdeutlichen. Im Jahr 19 nach Christus gründete sie der Tetrach Herodes Antipas, der nach dem Tod seines Vaters über Galiläa und Peräa im Ostjordanland herrschte. Er ließ die Stadt nach hellenistischem und römischem Vorbild mit einem Palast, einem Marktplatz, einem Stadion, einem Theater und einem Hippodrom erbauen. Er wählte sie zu seinem Amtssitz und benannte sie nach Kaiser Tiberius. Taktisches Antichambrieren war selbst in einer abgelegenen Provinz überlebenswichtig.

Als Problem stellte sich für Herodes Antipas dar, dass niemand in die neu erbaute Stadt ziehen wollte, denn diese war zum Teil über einem jüdischen Friedhof und somit gegen jüdische Religionsgesetze errichtet worden. Der jüdisch-römische Historiker Josephus Flavius berichtet davon in seinen „Antiquitates": „Tiberias war übrigens von zusammengelaufenem Volk bewohnt, worunter sich auch viele Galiläer und gezwungene Ankömmlinge befanden, die mit Gewalt dort angesiedelt wurden, obwohl sie zum Teil den besseren Ständen angehörten. Auch die Bettler, die im ganzen Lande aufgefangen wurden, sowie viele, von denen nicht einmal feststand, ob sie Freie waren, erhielten hier Wohnungen zugewiesen und bekamen mancherlei Vorrechte. Um sie an die Stadt zu fesseln, ließ Herodes ihnen Häuser bauen und Ländereien zuteilen, da es ihm wohlbekannt war, dass ihnen nach jüdischen Vorschriften das Wohnen daselbst nicht gestattet war."

Die Zuhörer werden Jesus beigepflichtet haben, wenn er das Gleichnis von jenem Mann erzählte (Lk 14,15–24), der ein reiches Gastmahl veranstaltete und seine Knechte aussandte, um Gäste zu laden. „Aber einer nach dem anderen ließ sich entschuldigen. Der erste ließ ihm sagen: ‚Ich habe einen Acker gekauft und muss jetzt gehen und ihn besichtigen. Bitte, entschuldige mich.' Wieder ein anderer sagte: ‚Ich habe geheiratet und kann deshalb nicht kommen.' Der Diener kehrte zurück und berichtete alles seinem Herrn. Da wurde der Herr zornig und sagte zu seinem Diener: ‚Geh schnell auf die Straßen und Gassen der Stadt und hol die Armen und die Krüppel, die Blinden und die Lahmen herbei.'"

Wenige Jahre zuvor hatte Herodes bereits die Stadt Sepphoris, die nur eine gute Wegstunde von Nazareth entfernt liegt, wieder aufbauen lassen, nachdem sie von Publius Quinctilius Varus zerstört worden war. Denn die Stadt hatte sich nach dem Tod von Herodes dem Großen im Jahre vier vor Christus gegen die Herodianer und damit gegen die römische Oberhoheit aufgelehnt. Dies war übrigens derselbe Varus, der einige Jahre später von den Germanen vernichtend geschlagen werden sollte. In Sepphoris, so nehmen Neutestamentler an, hat Jesus wohl mit seinem Vater als Bauhandwerker gearbeitet und kam dort mit der griechisch-römischen Welt in Berührung.

Nachdem die beiden großen Bauvorhaben abgeschlossen waren – wir sprechen vom Jahr 28 nach Christus – änderte sich die soziale Situation der knapp 200.000 Bewohner Galiläas radikal. Es gab deutlich weniger Arbeit, zugleich war aber durch den Ausbau der Städte die römische Administration viel näher an die Menschen herangerückt. Es etablierte sich eine Art antiker Kapitalismus, dessen oberstes Ziel die Gewinnmaximierung war. Für die „kleinen Leute" war die Last der Abgaben erdrückend. Es gab eine Grundertragssteuer, eine Handels- und Gewerbesteuer, eine Kopfsteuer, die auch das Vieh und die Sklaven miteinbezog, dazu die Tempelsteuer, den Wege- und Brückenzoll. Etwa 90 Prozent der Bewohner Galiläas lebten von der Fischerei, oder als Kleinbauern, Hirten und Taglöhner von der Landwirtschaft. Sie investierten in Saatgut oder in Fischerboote, trugen das Risiko der Produktion und zahlten bis zu 44 Prozent des Umsatzes an Steuern. Damit nicht genug. Die Abgaben wurden unerbittlich eingetrieben, und kam auch noch eine Missernte dazu, dann tappten die Familien oft sehr rasch in die Schuldenfalle.

Anders als heute gab es kein Sozialsystem, sondern nur die Familie, die für jemanden sorgte, wenn er krank oder alt geworden war oder durch einen Unfall keiner Erwerbstätigkeit nachgehen konnte. Die Familie war Schutz, zugleich aber auch Kerker. Denn wer aus bescheidenen Verhältnissen kam, der schaffte auch keinen sozialen Aufstieg. Die Zugehörigkeit zu Familien oder Ethnien bestimmte die Möglichkeit, an den wirtschaftlichen Gütern zu partizipieren. Wer arm war, blieb arm und konnte nur neidvoll auf Herodes Antipas blicken, der von Rom alljährlich ein Gehalt von 200 Talenten, das sind 118 Kilo Silber, erhielt.

An diese Unterschicht wandte sich nun der charismatische Wanderprediger Jesus aus Nazareth. Er wandte sich an die kleinen Handwerker und Taglöhner, an die Dirnen, Zöllner und Fischer, an alle Sünder, die auch durch rituelle Waschungen, wie sie das Judentum vorschreibt, nicht mehr rein werden konnten. Ihnen predigte er in Gleichnissen, die aus ihrer Erfahrungswelt stammten. Er sprach vom Weizenkorn, das in die Erde fällt, stirbt und reiche Frucht bringt (Joh 12,20–26), von den Lilien des Feldes, die nicht arbeiten und nicht spinnen und doch „prächtiger gekleidet sind als König Salomon in all seiner Pracht" (Mt 6,25–34), von dem Schaf, das verloren gegangen ist (Lk 15,4–7), und von dem Mann, der sein Haus auf Felsen und nicht auf Sand baute (Mt 7,24–27).

Jesus steht mit seiner Erzähltechnik in der Tradition der Propheten, der Pharisäer und der Rabbiner. Er beherrschte diese perfekt, wie im Matthäus-Evangelium (7,28–29) zu lesen ist: „Als Jesus diese Rede beendet hatte, war die Menge sehr betroffen von seiner Lehre; denn er lehrte sie wie einer, der göttliche Vollmacht hat, und nicht wie ihre Schriftgelehrten." Man kann sich vorstellen, wie groß die Anziehungskraft dieses Mannes gewesen sein muss. Jene, die ihm zuhörten, verließen ihre Arbeit und ihre Familien, um ihm nachzufolgen. Sie stellten sich in seinen Dienst, um seine Werte zu verkünden.

WIE VIELE KINDER LIESS HERODES IN BETLEHEM TÖTEN?

VERMUTLICH KEINE, denn höchstwahrschein-
lich – und darin sind sich zahlreiche Theologen und Historiker einig
– fand der betlehemitische Kindermord gar nicht statt. Das scheint
eine gewagte Behauptung, denn die katholische Kirche und auch die
orthodoxen Kirchen halten an der Schilderung der Ereignisse, wie
man sie beim Evangelisten Matthäus findet, als historisch fest.

Zwei Gründe sprechen aber dennoch dagegen, dass das
Massaker, dessen Opferzahl mittelalterliche Autoren mit 144.000
festsetzten, überhaupt stattfand. Der erste Grund ist ein profaner:
Josephus Flavius (37/38 bis ca. 100 n. Chr.) war ein jüdisch-römi-
scher Autor, der in seinem Werk „Der Jüdische Krieg" das Leben
von Herodes dem Großen äußerst detailliert schildert. Jede Intrige
am Hof von Jerusalem wird ausladend berichtet, sodass das Werk

ob seiner Detailverliebtheit nur schwer zu lesen ist. Man fragt sich, warum Josephus den angeblichen Massenmord von Betlehem, das gerade einmal zwei Fußstunden von Jerusalem entfernt liegt, gar nicht erwähnt. Dazu kommt, dass der Autor Herodes gegenüber sehr kritisch eingestellt war und keinen Grund gehabt hätte, nicht von diesem Massaker zu berichten.

Noch viel schwerwiegender ist aber der theologische Befund. Nur Matthäus – und kein anderer Evangelist – berichtet vom Kindermord. Lukas, Markus und Johannes richten sich mit ihren Evangelien an Heidenchristen und damit sind die Erzählungen, wie wir sie in der Kindheitsgeschichte bei Matthäus finden, für sie nicht wichtig. Heidenchristen sind Menschen, die aus paganen Kulturen zum Christentum konvertierten. Matthäus hingegen wendet sich an Juden. Ihnen wollte der Evangelist Jesus als den Sohn Gottes, als den Retter Israels und als den langersehnten Messias präsentieren. Dazu griff er zum Mittel des Vergleichs mit einer bekannten biblischen Gestalt.

Wenn Judenchristen nun lesen, dass Herodes angeordnet hat, alle Kinder in Betlehem und Umgebung bis zu einem Alter von zwei Jahren zu töten, dann dachten diese vermutlich an die zentrale Gestalt des Judentums: an Moses, der Israel aus der Knechtschaft Ägyptens herausgeführt hatte. Auch Moses war als Wickelkind der Weisung des Pharaos entgangen, der befohlen hatte, alle männlichen Nachkommen der Israeliten zu töten, um das Volk der Hebräer nicht zu mächtig werden zu lassen. Moses überlebte nur, weil eine pharaonische Prinzessin ihn im Schilf des Nils gefunden und aus Mitleid an den Hof mitgenommen und dort aufgezogen hatte.

Die Gleichsetzung von Moses und Jesus ist Matthäus noch nicht genug. Er will, dass seine Leserschaft begreift: Jesus ist der neue Moses und zugleich auch noch erhabener als dieser. Moses hat sein Volk zwar aus der Knechtschaft Ägyptens befreit, Jesus, der Christus, aber befreit nicht nur Israel, sondern die ganze Welt. Und das von einer noch viel schrecklicheren Knechtschaft: von jener der Sünde.

Matthäus stellt zwei Personen gleich, wobei die zweite die erste überragt. Theologen bezeichnen diese Technik als „typologische Steigerung", die von Kirchen mehrfach genutzt wird. So wird Eva mit Maria verglichen, die Sünderin mit der makellosen Gottesgebärerin. Und auch bei Adam, der die Sünde in die Welt brachte, und bei Jesus, der sie von der Sünde befreite, wird diese Technik angewandt. Die Ostkirchen versinnbildlichen diese Überordnung Jesu über Adam sogar in der Ikonografie, wenn sie die Knochen des Adam in einer kleinen Höhle unter Golgota zeigen. Auch in der Grabeskirche befindet sich die Adamskapelle unter der Kreuzigungsstelle. Diese typologischen Steigerungen sind in vielen Kirchen allgemeines Glaubensgut.

Bleibt nun die Frage zu klären: Warum konnte Matthäus dem Herodes (73–4 v. Chr.) den angeblichen Massenmord unterschieben? Weil ein paar Tote mehr oder weniger in der Biografie dieses Potentaten nicht weiter ins Gewicht fielen. So ließ er gleich zu Beginn seiner Regentschaft die Hälfte des 70-köpfigen Hoherats töten, später seine Lieblingsfrau Mariamne hinrichten, ebenso einen Schwager und zwei seiner Söhne. Über Letztere sprach Herodes das Todesurteil, als er selbst bereits am Sterbebett lag. Die Liste der herodianischen Opfer ließe sich fortsetzen, nur: Die Kinder von Bethlehem waren vermutlich nicht darunter.

WAS HAT EUROPA MIT DEM KONFLIKT IM NAHEN OSTEN ZU TUN?

*Die Antwort finden
Sie auf Seite 57.*

WAR JESUS JUDE?

DIE MEISTEN Juden wollen mit Jesus, dem Gründer der christlichen Kirche, von der sie jahrhundertelang grausam verfolgt wurden, nichts zu tun haben. Ein Beispiel: Auf dem Dach eines Hauses in Mevasseret Zion mit Blick auf Jerusalem führten wir – ein Pilot, ein Spezialist für Shakespeare, ein Reiseleiter, ein Architekt, eine Keramikerin, allesamt Israelis – und ich eine angeregte Diskussion. Es ging um die Frage, wer der bedeutendste Jude aller Zeiten gewesen sei. Politiker wurden genannt, Wissenschaftler, auch Künstler, bis man sich schließlich auf Albert Einstein einigte. Mein Einwurf, ob es nicht vielleicht der Jude Jesus aus Nazareth gewesen sei, verblüffte sie. Dieser war ihnen gar nicht in den Sinn gekommen.

Diese für viele Juden typische Einstellung zeigt: Jesus wird innerhalb seines Volkes bis heute nicht als Jude gesehen. Dieser Sichtweise widerspricht allerdings einer der angesehensten Schriftsteller Israels, Amos Oz (1939–2018). In seinem 2015 erschienenen Buch „Judas", das mittlerweile in 30 Sprachen übersetzt wurde, befasst er sich in einer Nebenhandlung mit der Person Jesu. Schmuel Asch, einer der Protagonisten des Romans, arbeitet an einem wissenschaftlichen Beitrag mit dem Titel: „Jesus aus der Perspektive der Juden." Damit macht der Universitätsstudent Asch im Roman genau das, was Professor Joseph Klausner, der Onkel von Amos Oz, in den 1920er-Jahren tatsächlich getan hat. Klausner ging der Frage nach, ob sich Jesus mit seinen Äußerungen und Handlungen außerhalb des Judentums gestellt hat.

Weil sich Klausner des Themas wissenschaftlich annahm, stand er in der Kritik und musste einen Karriereknick an der Hebräischen Universität von Jerusalem in Kauf nehmen. Jesus war eben in jüdisch-akademischen Kreisen auch vor 90 Jahren noch kein Thema, dem man sich widmen wollte. Zu stark war der Mann aus Nazareth mit dem Stigma der Judenverfolgung durch Christen behaftet.

Wenn Juden in der Geschichte überhaupt über den Nazarener sprachen, dann taten sie das abschätzig. Im achten Jahrhundert wurden in der „Toledoth Jeschu", der „Geschichte Jesu", Teilaspekte seines Lebens zu einer abschreckenden Erzählung kompiliert. Damit wollte man den jüdischen Glaubensbrüdern, die nicht selten vom Prunk und der Herrlichkeit christlicher Kirchen fasziniert waren, klarmachen: Der Mann, auf den sich die Christen berufen, ist keinesfalls Gottes Sohn, nicht einmal ein Prophet, sondern bloß ein „Bastard". Er sei der Sohn eines römischen Soldaten und habe in Ägypten das Zaubern erlernt. Zurück in Palästina habe er alle Bäume verhext, damit man keinen Stamm finden würde, an dem man ihn hätte kreuzigen können. Er sei an einen Kohlstengel genagelt und dann in ein Grab gelegt worden, von wo ein Gärtner seinen Leichnam entwendet habe.

Mit dieser jahrhundertealten Tradition der Verunglimpfung brach nun Klausner. Zugleich leitete er eine Bewegung ein, die man als Heimholung Jesu ins Judentum bezeichnen kann. Diese dürfte Marc Chagall zu seiner „Weißen Kreuzigung" (1938) inspiriert haben. Das Bild zeigt den Mann aus Nazareth als Typus des leidenden Juden. Nach Klausner sind es in Israel angesehene Theologen wie David Flusser, Schalom Ben Chorin oder auch Pinchas Lapide, die sich mit der Person Jesus auseinandersetzen und den Juden Jesus einer christlichen Leserschaft näherbringen. Es war für die traditionellen Kirchen eine Provokation, wenn Amos Oz erklärte: „Mein

Onkel hat Jesus als einen Menschensohn und nicht als Gottessohn dargestellt. Zudem bestand er darauf, dass Jesus als Jude geboren wurde und als solcher auch gestorben ist. Er war für ihn auch nicht der Begründer des Christentums, sondern diese Rolle schrieb er erst Paulus zu. Jesus hat sich auch nie bekreuzigt und er hat auch kein einziges Mal seinen Fuß in eine Kirche gesetzt. Dafür war er häufig in Synagogen zugegen, wo er auch immer wieder für Skandale gesorgt hat. Er hat sich auch nie an einen Sonntag gehalten – welcher Christ war er also?"[25] Trotz seiner Faszination für die Person Jesu bleibt Oz bei einer distanzierten Haltung zum Jesus des Glaubens. Vor allem den lange erhobenen Vorwurf der Christen, alle Juden aller Zeiten seien am Kreuzestod Jesu schuld, kommentiert er mit Häme, wenn er Gerschom Wald, eine weitere Hauptperson im „Judas" lakonisch sagen lässt: „Nicht jeder kann in der Früh aufstehen, seine Zähne putzen und Gott töten."[26] Der Jude Amos Oz, so scheint es, hat ein ganz persönliches Verhältnis zu dem Juden Jesus gefunden: „Ich liebe Jesus aus vielen Gründen. Zunächst einmal, weil er ein wundervoller Mensch und auch ein so hervorragender Poet ist, einer mit einem so feinen Sinn für Humor. Er kann fröhlich, berührend, bewegend sein – er ist einfach wunderbar."[27] Solche und ähnliche Äußerungen haben Oz, der im links-intellektuellen Lager Israels jahrzehntelang geradezu hymnisch gefeiert wurde – wie seinem Onkel vor 90 Jahren –, auch herbe Kritik eingebracht. Viele seiner Landsleute beschimpften ihn sogar als „Verräter". Man sieht: An Jesus scheiden sich heute noch die Geister.

Betrachtet man die Lehrtätigkeit Jesu, so kann kein Zweifel bestehen, dass er auf festem jüdischem Boden stand und dass seine Deutung der Tora als innerjüdisch zu verstehen ist. Sein Argumentationsstil ist im Wesentlichen rabbinisch, seine Gleichnisse folgen der biblischen Bildsprache und seine Jünger nannten ihn Rabbi oder Rabbuni. Dieser Name drückte Ehrerbietung aus, wie man sie den pharisäischen Schriftgelehrten entgegenbrachte.

Genau wie Rabbi Hillel, einer der bedeutendsten Lehrer aus der Zeit vor der Zerstörung des Tempels, räumte Jesus der Nächstenliebe den gleichen Rang ein wie der Gottesfurcht. Und wenn Jesus auch am Schabbat heilte und damit die Gesetze des heiligen Tages bewusst und provokant durchbrach, so stand er doch in einer jüdischen Tradition. Um die Beziehung Jesu zu seinem Glauben und seiner Kultur zu beschreiben, eignet sich der Ausdruck „Kontrastharmonie". Und damit reiht er sich in eine Reihe großer biblischer Gestalten ein, die ebenfalls ihren jüdischen Glauben radikal lebten, diesen aber vor einer ritualisierten Verkrustung schützen wollten.

Aber nicht nur die Juden haben Jesus erfolgreich aus den eigenen Reihen verstoßen – auch ein einflussreicher Kreis aus Christen des 19. und 20. Jahrhunderts wollte in ihm keinen Juden sehen. Sie machten aus ihm einen „Arier". Die Philosophen Arthur Schopenhauer und Johann Gottlieb Fichte, der führende Wagnerianer Houston Steward Chamberlain und auch der österreichische Priester Jörg Lanz von Liebenfels, der mit seinen „Ostara"-Broschüren Hitler ideologisch beeinflusste, waren überzeugt, dass „wir durch das Christentum alle zu Juden" würden. Entsprechend musste der christliche Glaube „entjudet" und Jesus konsequenterweise zum „Arier" erklärt werden.

Ein Jude zu sein war im aufkeimenden Rassenhass der größte nur vorstellbare Makel. Theodor Fritsch behauptet in diesem Zusammenhang, die Juden würden sich „außerhalb der natürlichen Lebensgesetze" bewegen und „etwas Lebensfeindliches, Unnatürliches, Dämonisches" darstellen. Für Fritsch und seine ideologischen Weggefährten bildeten die Juden eine eigene Spezies, die einstmals durch eine böse Macht, einen „Schattengott", geschaffen worden sei. Jahwe sei nicht Gott, sondern „der Antipode Gottes", ein Gott der Finsternis, Grausamkeit und Lüge, der Teufel, der alle Nichtjuden ausrotten wolle. Der Jude selbst besitze dämonische Kräfte, die man teuflisch nennen könnte. Gegen solche Tendenzen galt es das deutsche Volk zu schützen.

Und das machten sich nicht nur Schriftsteller, Künstler, Philosophen, sondern auch Politiker zur Aufgabe. Kaiser Wilhelm II., der braunschweigische Ministerpräsident Dietrich Klagges, der Hitler die deutsche Staatsbürgerschaft verschafft hatte, Heinrich Himmler und Adolf Hitler versuchten, sich mit „Jesus dem Arier" von dem „verjudeten" Katholizismus und auch Protestantismus abzugrenzen. Noch am 30. November 1944 räumt Hitler der Diskussion über Jesus den Arier im Führerhauptquartier breiten Raum ein, und bekennt: „Jesus war sicher kein Jude!"

Es kann kein Zweifel bestehen: Auch wenn es ideologisch oft nicht akzeptiert war, so war der historische Jesus Jude. Er lebte und lehrte aus einer jüdischen Tradition heraus. Zugleich entstand durch ihn etwas Neues, das Christentum. Es beruft sich auf ihn, den Gesalbten. Christus, der Jude – das ist kein Widerspruch.

WARUM WAR JESUS DEN FÜHRENDEN JUDEN IM WEG?

SOLANGE SICH der Wanderprediger Jesus in Galiläa, der armseligen Provinz im Norden des Landes herumtrieb, dort von Dorf zu Dorf zog, bloß zu Fischern, Tagelöhnern, Prostituierten und Bettlern predigte, war er dem religiösen Establishment am Tempel von Jerusalem ziemlich egal.

Als er die Menschen dann aber im unmittelbaren Machtbereich der Pharisäer und Sadduzäer mit seiner neuen Interpretation der Tora begeisterte, versuchten diese, ihn loszuwerden. Etwa mit der Fangfrage, die man im Matthäus-Evangelium (22, 15 ff) nachlesen kann: „Was meinst Du? Ist es erlaubt, dem Kaiser Steuern zu zahlen oder nicht?" Dabei zeigten ihm die Pharisäer einen silbernen Denar, auf dem sich das Brustbild des Kaisers Tiberius befand. Unterhalb des Bildes war der Schriftzug „Kaiser Tiberius, der erhabene Sohn des göttlichen Augustus" eingraviert. Die Rückseite war mit dem Bild der Kaisermutter, die auf einem Götterthron saß, versehen. Zudem fand sich dort die Aufschrift: „Pontifex Maximus."

Diese Münze war für alle frommen Juden, und somit auch für Jesus, eine mehrfache Provokation: Sie verstieß gegen das Bildverbot, sie bezeichnete Kaiser Augustus als „göttlich", sie zeigte die Kaisermutter auf einem Götterthron, der nur dem Schöpfer der Welt vorbehalten war, und sie gestand dem Römer Tiberius die Position eines „Hohepriesters" zu.

Hätte Jesus nun dazu aufgerufen, keine Steuern zu zahlen, dann hätten ihn die Pharisäer der Mitgliedschaft bei den radikalen Zeloten bezichtigt und ihn bei Pontius Pilatus, dem Statthalter Roms, als Anarchisten, Aufwiegler und Staatsfeind anschwärzen können. Hätte Jesus die Frage aber bedingungslos bejaht und damit die Steuerlast von über 50 Prozent gutgeheißen, dann wäre er bei seinen oft aus der sozialen Unterschicht stammenden Anhängern auf Unverständnis und Ablehnung gestoßen. Dass die Steuerlast tatsächlich enorm gewesen sein muss, kann man auch beim römischen Schriftsteller Tacitus nachlesen: „Die Provinzen Syrien und Judäa wurden von den Abgaben erdrückt und flehten um eine Minderung des Tributs."

Jesus beantwortete die Entweder-oder-Frage, die angelegt war, um ihn in die Enge zu treiben, mit einer klugen Sowohl-als-auch-Antwort: „Gebt Gott, was Gottes ist, und dem Kaiser, was des Kaisers ist." So entkam er der Falle der Pharisäer, die er durchschaut hatte.

Es waren verschiedene Äußerungen Jesu, die fromme und hochgelehrte Juden aufs Äußerste provozierten. Etwa, wenn der Galiläer behauptete: „Ehe Abraham wurde, bin ich" (Joh 8,58). Oder: „Ich bin das Licht der Welt. Wer mir nachfolgt, wird nicht in der Finsternis umhergehen, sondern wird das Licht des Lebens haben" (Joh 8,12). Mit diesen Worten schrieb sich Jesus selbst messianische Attribute zu. Außerdem bezog er die Prophezeiungen des großen Jesaja (9,1) auf sich: „Das Volk, das in der Finsternis ging, sah ein helles Licht; über denen, die im Land des Todesschattens wohnten, strahlte ein Licht auf."

Darin sahen seine Gegner den Beweis, dass Jesus größenwahnsinnig war. „Reißt den Tempel nieder, in drei Tagen werde ich ihn wieder aufrichten", heißt es im Johannesevangelium (2,19). Tausende Arbeiter hatten Jahrzehnte gebraucht, um dieses größte Einzelbauwerk der Antike zu erbauen. Und diese enorme Leistung wollte der Nazarener in drei Tagen schaffen? Und dass er behauptete, er werde Tote zum Leben erwecken, brachte das Fass zum Überlaufen.

Mehrfach verwies Jesus auf seine göttliche Abstammung und Identität. Das Johannesevangelium berichtet, dass die Jünger am See Gennesaret 153 Fische gefangen hätten. Schreibt man nach einer alten jüdischen Gepflogenheit jeder Ziffer einen Buchstaben zu, dann ergibt dies den Ausdruck „ani elohim" – „Ich bin Gott".

Lange war der Provinzprediger aus Galiläa, der zwar von seinen Eltern eine religiöse Erziehung erfahren hatte, aber nie von einem der großen Rabbiner am Tempel unterrichtet worden war, für die Gelehrten in Jerusalem ungefährlich. Denn: Was konnte aus dem provinziellen Galiläa schon Bedeutendes kommen? Dort sprach man ein umgangssprachliches Aramäisch, in Jerusalem hingegen ein literarisches Hebräisch. Gebildete Juden konnten zudem Latein und Griechisch. Der Nazarener verwendete eine so einfache Sprache und so einfache Bilder, dass er selbst von Taglöhnern verstanden wurde. Jesus sprach vom Weizenkorn, das in die Erde fällt und reiche Frucht bringt, vom Schaf, das verloren ging, vom reichen Fischfang und von den Lilien, die schöner seien als König Salomon in all seiner Pracht. Der bescheidenen Welt der Handwerker und Fischer, der Hirten und Tagelöhner begegneten die Gelehrten in Jerusalem mit intellektueller Überlegenheit. Sie kannten eben nicht nur die Tora, die sie von den bedeutendsten Rabbinern der damaligen Zeit interpretiert bekommen hatten, sie diskutierten auch die Werke der großen Philosophen Roms und Athens.

Allein schon wegen ihrer Kleidung wurden Jesus und seine Jünger abgewertet. Sie trugen ein grob gewobenes Obergewand in Naturfarben, während man sich in Jerusalem in feines Tuch hüllte. Um ihren Reichtum zur Schau zu stellen, ließen sie ihre Stoffe für viel Geld mit Purpur in kräftigem Rot einfärben. Die Frauen aus Galiläa trugen grob gewebte Kopftücher, während sich die Damen der Jerusalemer Gesellschaft mit aufwändigen Frisuren schmückten.

Über all diesen Fragen der Lebenskultur schwebte die Frage, die in der Welt der Antike alles entschied: die nach der Abstammung. Galiläa war zu dieser Zeit wegen des hohen Anteils an nichtjüdischer Bevölkerung als „Land der Heiden" bezeichnet worden. Auch wenn das Land um den See im ausgehenden zweiten Jahrhundert vor der Zeitenwende zwangsjudaisiert worden war, so war das wenig überzeugend. Vielleicht war ein Vorfahre Jesu doch ein Heide? Die Tempelherren vermochten ihre Abstammung tausend Jahre auf König David zurückführen. Und aus diesem ehrwürdigen Haus und Geschlecht Davids musste der Messias kommen. So stand es geschrieben.

Gefährlich wurde Jesus von Nazareth der Tempelaristokratie allerdings, als er in Jerusalem auftauchte und Massen begeisterte. „Heil dir, König der Juden!", riefen sie ihm an jenem Tag zu, den wir heute als Palmsonntag bezeichnen. Einen König hatte es seit Herodes dem Großen, der im Jahr 4 vor Christus gestorben war, nicht mehr gegeben. Einen solchen auszurufen, oblag einzig und allein den Römern, und nicht dem Volk. Jesus hätte also das diffizile Gleichgewicht zwischen Römern, Sadduzäern und Pharisäern stören können. Diese versuchten, eine Politik des Ausgleichs zwischen der Besatzungsmacht und den latent unzufriedenen Juden zu betreiben. Da hätte ein vom Volk spontan proklamierter König das bestehende Machtgefüge empfindlich gestört.

Schlussendlich war es dann aber ein Einzelereignis, das den Ausschlag gab: die Tempelreinigung (Mt 21,12 ff). In der „Königlichen Halle", einem dreischiffigen Wandelgang im Süden des Tempelbezirks, fanden sich Verkaufsstände für Opfertiere sowie Wechselstuben, um die römischen Münzen in die für die Tempelsteuer akzeptierte Währung, den tyrischen Schekel, umzutauschen. Einen dieser Tische der Geldwechsler stieß Jesus mit den Worten um: „Es steht geschrieben: Mein Haus soll ein Haus des Gebets genannt werden. Ihr aber macht daraus eine Räuberhöhle."

Jesus provozierte die Pharisäer zweifach. Erstens weil er das in ihren Händen befindliche lukrative Wechselgeschäft störte. Zweitens weil er die Verlogenheit der Pharisäer enttarnte. Das römische Geld, das das Abbild des jeweiligen Kaisers zeigte, lehnten die Pharisäer ab, weil es kultisch nicht rein war. Gegen den in der Stadt Tyrus (heute Südlibanon) geprägten Schekel hatten sie aber offenbar nichts einzuwenden, obwohl auf diesem Gott Melkart abgebildet war. Dieser war eine Variante des Gottes Baal, gegen den schon 800 Jahre zuvor der Prophet Elias aufgetreten war. Der Grund, warum der Schekel akzeptiert wurde, war sehr profan. Diese Münze mit einem Gewicht von 14,1 Gramm war mit einem Silbergehalt von zumindest 94 Prozent viel stabiler und inflationsbeständiger als die römische Währung.

Nach diesen Provokationen und dem massiven Angriff auf ihre wirtschaftlichen Interessen gab es für die Pharisäer nur einen Weg, wie Markus (11,18) schreibt: „Die Hohepriester und Schriftgelehrten hörten es und suchten nach einem Weg, wie sie ihn umbringen könnten. Sie fürchteten sich nämlich vor ihm, denn alle Leute waren tief beeindruckt von seiner Lehre." Damit stand das Urteil fest, nun galt es nur noch, den Römer Pontius Pilatus, in dessen Hand es lag, Todesurteile auszusprechen, davon in einem Gerichtsverfahren zu überzeugen.

WIE VERLIEF
DER PROZESS
GEGEN JESUS?

ES GAB eine Verhandlung und es gibt vier Berichte darüber. Wenn wir als moderne Medienkonsumenten von einem Ereignis hören, dann erwarten wir, dass sich die Berichterstattung in den Kernpunkten deckt. In den Evangelien ist das nicht der Fall, weil jeder Schreiber – je nach den Interessen seiner Leserschaft – andere Akzente bei der Schilderung der letzten Stunden Jesu setzte. Es ist wichtig zu betonen, dass die Evangelien keine Biografie Jesu, sondern Glaubensbücher sind. Einmal wollten ihre Verfasser judenchristlichen, dann wiederum heidenchristlichen Gemeinden beweisen, dass Jesus von Nazareth Gottes Sohn gewesen sei. Aus dieser komplexen Quellenlage ergibt sich kein eindeutiges Bild vom folgenreichsten Fehlurteil der Geschichte.

„Ihr bedenkt nicht, dass es besser für euch ist, wenn ein einziger Mensch für das Volk stirbt, als wenn das ganze Volk zugrunde geht!" Diese Aussage des Hohepriesters Kajaphas aus dem Johannesevangelium (11,50) ist der Schlüssel zu den Ereignissen, die sich an jenem Tag in Jerusalem zutrugen, den wir heute als Karfreitag bezeichnen. Es waren dies der Prozess gegen Jesus, seine Verurteilung, seine Hinrichtung.

Das Todesurteil gegen Jesus stand also bereits vor dem Prozessbeginn fest. Nun galt es, die Abläufe entsprechend zu lenken, und das war aus jüdischer Sicht nicht ganz einfach. Denn das „ius gladii", das Recht, jemanden zu töten, lag ausschließlich bei den Römern, vertreten durch Pontius Pilatus. Der Hoherat, angeführt vom Hohepriester Kajaphas, musste Pilatus, den Statthalter Roms, davon überzeugen, Jesus hinzurichten. Die Anschuldigungen der Juden, dass der Wanderprediger Jesus die Massen begeistere, dass er als Wunderheiler Unruhe ins religiöse Gefüge bringe und dass er die jüdischen Gesetze missachte, würden Pilatus aber nicht überzeugen. Das war dem Hoherat bewusst. Denn es war ein politisches Grundprinzip der Römer, sich nicht in die innerreligiösen Angelegenheiten ihrer Untertanen einzumischen, solange diese die öffentliche Ordnung nicht störten.

Das religionsgesetzliche Verfahren musste also in ein politisches überführt werden. Kajaphas musste einen Grund finden, der es Pilatus gestatten würde, den „Aufrührer Jesus" zu kreuzigen. Dann würde Pilatus seine Pflicht erfüllt haben und er als Vorsitzender des Hoherates hätte die Gewissheit, dass die alte Ordnung wiederhergestellt sei. Eine Ordnung, die Jesus übrigens nicht grundsätzlich infrage stellte, deren buchstabengetreue Auslegung er aber hinterfragte, wenn er am Schabbat Ähren pflückte oder am Schafteich in Jerusalem einen Mann am Schabbat heilte. Die Tempelaristokratie empfand es als Provokation, dass Jesus seine Handlungen mit den Worten „Der Schabbat ist für den Menschen gemacht und nicht der Mensch für den Schabbat" (Mk 2,27) begründete.

All die Argumente, dass Jesus anmaßend sei, wenn er sich in die Nähe Gottes rückte, dass er vielleicht sogar größenwahnsinnig sei, in jedem Fall aber aufwieglerisch – all diese Argumente zählten für Pontius Pilatus nicht. Dieser hätte übrigens das Recht gehabt, das Todesurteil auf kurzem Weg zu bestätigen. Damit hätte Kajaphas sein Ziel erreicht. Pilatus war aber kein Freund der Juden und deswegen wollte er ihnen den Gefallen einer raschen Urteilsbestätigung nicht erweisen. Er zog es vor, den Prozess gegen den Mann aus Galiläa selbst durchzuführen.

Die Beharrlichkeit des Römers hatte möglicherweise auch mit einer Episode zu tun, die wenige Jahre zurücklag und bei der er eine diplomatische Niederlage hatte einstecken müssen. Dies kam so: Bald nach seiner Amtsübernahme im Jahre 26 nach Christus ließ Pilatus Feldzeichen mit dem Abbild des Kaisers nach Jerusalem bringen. Daraufhin zog eine Delegation hochrangiger Juden vor seinen Amtssitz nach Caesarea Maritima, um dagegen zu protestieren. Als er sie wegschicken wollte, entblößten sie ihre Hälse und erklärten, sie würden lieber sterben, als die Kaiserbilder in Jerusalem zu dulden. Um ein Blutbad und Unruhen zu vermeiden, gab Pilatus klein bei. Das war eine herbe Niederlage für jenen Mann, der das römische Imperium vertreten und über die Juden herrschen sollte.

Diese Episode beweist schon, dass das Amt eines Präfekten in der Unruheprovinz Judäa, das Pontius Pilatus von 26 bis 37 innehatte, kein leichtes war. Er musste seine Politik nicht nur gegenüber dem Kaiser in Rom verantworten, sondern auch noch gegenüber dem Oberstatthalter der Provinz Syrien, von dem er abhängig war. Zudem war es seine Aufgabe, mit den jüdischen Untertanen, deren religiöse Gebräuche er als Römer nicht verstand und die er vermutlich sogar verachtete, irgendwie auszukommen. Alles in allem war er in einer schwierigen Situation.

Pilatus hatte also gute Gründe, den Angeklagten seinen Anklägern zu entreißen. Dies tat er freilich nicht, weil er für Jesus eine besondere Sympathie gehegt hätte, sondern einzig deshalb, weil er im Machtkampf mit Kajaphas die Oberhand behalten wollte.

Der erste Versuch, Jesus dem Anklagevertreter Kajaphas zu entziehen, bestand darin, diesen dem Tetrarchen Herodes Antipas vorzuführen, der zu den hohen Feiertagen in Jerusalem weilte. Pilatus war der Meinung, Herodes sei als Herrscher über Galiläa für Jesus zuständig. Herodes, der Jesus nie zuvor begegnet war, freute sich darauf, denn er hoffte, dass Jesus ein Wunder vollbringen würde. Weil es zu einem solchen aber nicht kam, trieb Herodes „seinen Spott mit Jesus, ließ ihm ein Prunkgewand umhängen und schickte ihn zu Pilatus zurück" (Lk 23,11). Dieser Versuch des Pilatus, die Anklagebehörde der Jerusalemer Tempelherren zu unterlaufen, scheiterte gründlich.

Pilatus, dessen gesamte Amtsführung brutal gewesen war, ließ Jesus nun geißeln und eine Zeit lang von Soldaten quälen. Wir wissen nicht, wie viele Schläge Jesus erdulden musste. Es steht aber fest, dass jeder Hieb mit dem römischen Flagellum, einem Lederriemenbündel, in das Bleikugeln oder Knochensplitter eingearbeitet waren, die Haut am Rücken großflächig aufriss. Der Gegeißelte, der vornüber an einen Säulenstumpf gefesselt war, wand sich vor Schmerzen. Viele wurden bewusstlos. Diese ermatteten und erniedrigten Menschen wurden von den Soldaten verspottet. Grausamer Höhepunkt der Verhöhnung Jesu war das Aufsetzen der Dornenkrone. Die spitzen Stacheln müssen tief in die Kopfhaut eingedrungen sein. Den so geschundenen Jesus führte Pilatus der Menge vor und rief: „Ecce homo", was frei übersetzt so viel wie „Seht euch diesen armseligen Menschen an" bedeutet. Er fände, so Pilatus, keine Schuld an ihm. Aber die Anwesenden wollten Jesus gekreuzigt sehen.

Pilatus griff zu einer letzten Möglichkeit: Er stellte Jesus dem Straßenräuber Barabbas gegenüber. Der Hohepriester hatte nun die Wahl, sich zwischen Jesus und dem Hochverräter zu entscheiden. Der Zelot Barabbas hatte aktiv gegen Rom gekämpft. Kajaphas entschied sich für die Freilassung des Barabbas, was der Unterstützung eines Hochverrats gleichkam. Um nicht selbst in die Nähe der romfeindlichen Zeloten gerückt zu werden, ging Kajaphas seinerseits zum Gegenangriff über. Er drohte Pilatus, ihn beim Kaiser anzuschwärzen, falls er das Todesurteil nicht unterzeichnen würde. Denn Jesus hatte sich als „König der Juden" bezeichnet und „jeder, der sich zum König macht, lehnt sich gegen den Kaiser auf".

Seinen Königstitel hatte Jesus tatsächlich bestätigt. Und zwar auf die Frage des Pilatus: „Bist du der König der Juden?" (Joh 18,33). Freilich hatte Jesus hinzugefügt: „Mein Königreich ist nicht von dieser Welt. Wenn mein Königtum von dieser Welt wäre, würden meine Leute kämpfen, damit ich den Juden nicht ausgeliefert würde." Aber allein der Anspruch, König zu sein, reichte Pilatus formell aus, um ein Urteil wegen Hochverrats zu fällen. Denn wer immer sich selbst zum König machte, der bekannte sich offen zum Aufruhr gegen das römische Imperium und damit gegen den Kaiser selbst. Und darauf stand die Todesstrafe. Pilatus war unter Zugzwang.

Zuvor hatte der Hohepriester neben der politischen Ebene auch noch eine weitere Drohung ausgesprochen, um Pilatus das Todesurteil abzuringen. Er hatte gesagt: „Wenn du diesen freilässt, bist du kein Freund des Kaisers." „Amicus Caesaris" war ein Ehrentitel, der mit großen Privilegien in Rom verbunden war und dessen Verlust sich höchst verhängnisvoll auf die soziale Stellung des Pilatus ausgewirkt hätte. Dieses Risiko wollte er nicht eingehen und deshalb „lieferte er ihnen Jesus aus, damit er gekreuzigt würde".

Dass die Evangelisten in ihren Darstellungen den Römer Pilatus entlasten, dafür aber die Juden für den Tod Jesu verantwortlich machen, hat einen besonderen Grund, wie der Wiener Orientalist Karl Jaros feststellt: „Die christliche Botschaft wurde bereits kurz nach Jesu Kreuzigung in weiten Teilen des römischen Reiches verkündet. Es war für die christlichen Glaubensboten schwer genug, zugeben zu müssen, dass Jesus von Nazareth durch den Präfekten von Judäa wegen Hochverrats zum Tode verurteilt wurde. Man versuchte daher, den römischen Beamten in gewisser Weise zu entlasten und die Schuld am Tod Jesu dem amtierenden Hohepriester zuzuschreiben. Der Zweck war klar: Man wollte vor der römischen Welt zeigen, dass die Christen loyal zum Reich stehen, während die Juden mit Barabbas einen wirklichen Rebellen gegen Rom frei zwangen." [28]

Die Frage ist nun, ob der Prozess gegen Jesus den römischen Verfahrensregeln entsprochen hatte. In einem regulären Prozess hätte man eine schriftliche Anklage verfassen, einen Verteidiger, Entlastungszeugen, einen Protokollanten beiziehen und ein Urteil verlauten müssen. Dies alles gab es beim Prozess gegen Jesus nicht. Auch wenn es augenscheinlich schwere Verfahrensmängel gab, so darf man diese nicht dem Richter Pontius Pilatus anlasten. Denn sehr wahrscheinlich entschied er die Streitsache durch eine „cognitio extra ordinem". Eine solche war bei Verhandlung gegen Angeklagte ohne römisches Bürgerrecht durchaus üblich. Das heißt, Pilatus entschied nicht auf der Rechtsgrundlage der römischen Prozessordnung, sondern er entschied nach eigenem Ermessen. Es war durchaus rechtens, dass Pilatus die Verfahrensregeln selbst festlegte.

Bleibt die Frage zu klären: Wer trägt die Schuld am Todesurteil? Es stimmt, dass der Hohepriester ein solches gefordert hatte. Pilatus aber hätte es in der Hand gehabt, Jesus auch gegen den Willen der Ankläger freizulassen. Aber sein Machtbewusstsein und seine persönlichen Ambitionen hatten ihm dies offenbar untersagt. Damit ist klar: Die Hinrichtung Jesu erfolgte durch die Römer. Daher ist die Formulierung im Apostolischen Glaubensbekenntnis ungenau, die lautet: „Gelitten unter Pontius Pilatus, gekreuzigt, gestorben und begraben". Vielmehr müsste der Text lauten: „gekreuzigt durch Pontius Pilatus."

WIE MUSS MAN SICH EINE KREUZIGUNG VORSTELLEN?

UNVORSTELLBAR BRUTAL, denn der zum Tode Verurteilte litt oft tagelang. Der römische Politiker und Philosoph Cicero spricht sogar von der „grausamsten und fürchterlichsten Todesstrafe" und erklärt: „Bereits die Nennung des Kreuzes soll fernbleiben – nicht nur von den Körpern der Römer, sondern auch von ihren Gedanken, ihren Augen, ihren Ohren." Die Kreuzigung wurde zur Zeit Jesu tatsächlich nur bei Schwerverbrechern, die kein römisches Bürgerrecht besaßen, angewendet. Das aber sehr häufig. Titus ließ im Jahre 70 nach Christus bei der Belagerung Jerusalems so viele Juden kreuzigen, dass die Kreuze ausgingen.

Der Philosoph Seneca beschrieb die Qualen der Gekreuzigten mit den Worten: „Den so Verurteilten schwand das Leben Tropfen für Tropfen dahin." Langsam, tagelang, gepeinigt von Schmerzen, Hitze und Durst sollten sie leiden. Man kann sich vorstellen, dass sie den erlösenden Tod herbeisehnten.

Das Urteil gegen Jesus von Nazareth war gesprochen. Es lautete: „Ibis ad crucem" – „Ans Kreuz mit ihm." Das galt es sofort umzusetzen. Dafür trieb man den Verurteilten aus der Stadt hinaus. Römer exekutierten niemals innerhalb, sondern stets außerhalb der Stadtmauern, häufig an belebten Ausfahrtsstraßen, gerne auch noch auf einem Hügel. Denn möglichst viele Leute sollten im Sinne der Generalprävention von dem qualvollen Todeskampf des Delinquenten abgeschreckt werden.

Der Weg, den Jesus ging, wird als Via Dolorosa bezeichnet. Historisch gesichert ist diese nicht, denn bis heute wissen wir nicht, an welchem Ort Pontius Pilatus gegen Jesus verhandelt und das Urteil über ihn gesprochen hat. Vermutlich, so glauben viele Historiker, war dies im Palast des Herodes der Fall, der heute als „Davids-Zitadelle" bezeichnet wird und nahe dem Jaffa-Tor gelegen ist. Die christliche Tradition beruft sich auf die Festung Antonia am nordwestlichen Eck des Tempels und nimmt als Beleg dafür römische Pflastersteine und auch den „Ecce homo"-Bogen, die sich beide im Konvent der Zions-Schwestern nahe der zweiten Kreuzwegstation befinden. Von ihnen ist aber nachgewiesen, dass sie aus der Zeit Kaiser Hadrians, also aus dem zweiten Jahrhundert nach Christus, stammen.

Ein Exekutionshauptmann und vier Soldaten geleiteten Jesus durch die Stadt, wobei sie nicht den kürzesten Weg vom Ort der Verurteilung zu dem der Hinrichtung wählten. Sie wollten den Verurteilten zur Schau stellen und ihn demütigen, aber auch den Zeugen, die zufällig am Wegesrand standen, die Möglichkeit geben, das Urteil zu beeinspruchen.

Geschwächt von der Geißelung und aus Hunderten Wunden blutend, schleppte Jesus den Querbalken. Ein Verurteilter hatte eine Tafel umgehängt, auf der sein Name, seine Herkunft und das Delikt standen: Jesus aus Nazareth, Rex Judaeorum – König der Juden. Schalom Ben Chorin, einer der wenigen Israelis, der sich mit der Person Jesu aus jüdischer Sicht auseinandergesetzt hat, übertrug in den 1970er-Jahren die vier Buchstaben INRI ins Hebräische: Jeschu Ha-Nozri We Melech Ha-Jehudim. Dabei ergab sich das heilige

Tetragramm des unaussprechbaren Gottes JHWH – Jahwe – „Ich bin da". Ob es sich dabei um Zufall oder um eine Botschaft handelt, bleibt ungewiss.

Es war Pessach und Jerusalem quoll über von Zehntausenden Pilgern. Viele von ihnen wollten sich das Schauspiel der Hinrichtung nicht entgehen lassen. In den engen Gassen Jerusalems drängten sich die Massen und an diesem Freitag im April des Jahres 30 auch noch Hunderte Schafe, die an diesem hohen Festtag im Tempel geschlachtet werden sollten. Die Menschen, die Jesus wenige Tage zuvor noch zugejubelt hatten, wollten ihn jetzt gekreuzigt sehen. Sie standen am Straßenrand, verspotteten ihn und bedachten ihn mit Häme. Das war ihre Rache für ihre enttäuschten Hoffnungen, die sie in den Nazarener gesetzt hatten. Sie hatten Jesus zum politischen Befreier von der römischen Oberhoheit hochstilisiert. „Anderen hat er geholfen, sich selbst kann er nicht helfen", spotteten später auch die Hohepriester unter dem Kreuz.

Die Evangelisten berichten davon, dass die Henker Jesus auf dem stillgelegten Steinbruch von Golgota vor den Mauern der Stadt ans Kreuz schlugen. Es wurde aber nicht durch die Handflächen genagelt, sondern am Unterarm zwischen Elle und Speiche. In vielen Fällen wurden die ausgebreiteten Arme auch nur angebunden. Dann zog man den hinzurichtenden, bereits am Querbalken fixierten Todeskandidaten mit Seilen hoch und befestigte den Balken an einem ins Erdreich gerammten etwa 2,50 Meter hohen Längspfahl. Unter dem Gesäß wurde ein kleines Holzbrett („Sedile") montiert, auf dem sich der Gekreuzigte abstützen konnte. Seit einem archäologischen Fund im Jahr 1968 im Norden Jerusalems weiß man, dass die Annagelung der Beine nicht durch die überstreckten Vorderfüße erfolgte, wie dies häufig in der christlichen Malerei dargestellt ist, sondern dass die Beine an der linken und rechten Seite des Kreuzesstammes angehalten wurden. Der Nagel, den man durch die Fersenbeine trieb, war dick und etwa zwölf Zentimeter lang.

Hing der Gekreuzigte nun mit vollem Gewicht in den Armen, dann führte dies zu einer dramatischen Atemnot und zu Durchblutungsstörungen. Um den Oberkörper zu entlasten, stützte er sich über die Beine ab, was dort zu furchtbaren Schmerzen führte. So war es bis zur völligen Entkräftung ein Wechsel von Sich-Aufrichten und In-sich-Zusammensinken. Zudem war der Gekreuzigte völlig hilflos. Er konnte sich nicht bewegen, er konnte die Schwärme von Fliegen nicht von seinen Hunderten Wunden der Geißelung vertreiben. Zumeist waren die Gekreuzigten auch nackt, denn die Römer hatten sie aller Kleider beraubt. Vor den Augen der gaffenden Menge mussten sie ihre Notdurft verrichten. In Judäa dürften die Statthalter allerdings eine generelle Ausnahme verfügt haben, sodass man davon ausgehen kann, dass Jesus sein Geschlecht mit einem Lendenschurz umwickelt hatte. Bei Johannes (19,23) ist nachzulesen, dass die vier Soldaten unter dem Kreuz um das in einem Teil durchgewebte Obergewand würfelten. Das war zumindest für einen von ihnen ein zusätzlicher Lohn.

„Jesus erlitt wohl einen der schlimmsten Schmerzzustände, die der Menschheit bekannt sind" [29], analysiert der New Yorker Pathologe Frederick Zugibe. Soldaten der beiden Weltkriege zogen sich durch Schrapnelle oder Granatsplitter ähnliche Verletzungen zu. Sie litten Schmerzen, die auch durch starke Medikamente kaum zu lindern waren.

Völlig ermattet rief Jesus: „Mich dürstet! Ein Gefäß mit Essig stand da. Sie steckten einen Schwamm mit Essig auf einen Ysopzweig und hielten ihn an seinen Mund" (Joh 19,28). Dies taten die Soldaten häufig, um die Qualen des Gekreuzigten zu verlängern, wobei sie das Wasser mit Weinessig und betäubenden Heilkräutern vermischt hatten.

Nach den Berichten der Evangelisten kamen die Soldaten, um den Sterbenden die Beine zu zerschlagen, was sie bei Jesus, der bereits tot war, unterließen. So grausam es auch klingen mag, aber das Zertrümmern von Schien- und Wadenbein war ein humanitärer Akt, denn danach hatte der Gekreuzigte nicht mehr die Möglichkeit, sich mit den Beinen abzustützen. Dadurch wurde der Todeskampf deutlich verkürzt. Der Tod trat schließlich durch Ersticken, Kreislaufkollaps oder Herzversagen ein.

Wie die Geschichte lehrt, wurden um die Zeitenwende Hunderte, wenn nicht gar Tausende Juden ans Kreuz geschlagen. Und dennoch wurde bei all den Ausgrabungen, die in den letzten Jahrzehnten von israelischen Archäologen seit der Staatsgründung durchgeführt wurden, nur ein einziger Nagel gefunden. Das ist verwunderlich. Eine mögliche Erklärung liefert uns der römische Gelehrte Plinius der Ältere: Menschen schrieben diesen Nägeln besondere Heilkräfte zu. Sie zogen sie aus dem Holz, wickelten sie in Wolle und legten sie Fieberkranken auf die Brust.

Die Kreuzigung war nicht nur körperlich die grausamste Methode der Tötung, sie wirkte auch über den Tod hinaus. „Verflucht ist, wer am Holze hängt", heißt es im fünften Buch Mose (21,22). Damit ist der Ausschluss des Gekreuzigten aus Gottes erwähltem Volk festgeschrieben. Aber damit noch nicht genug: Oft wurden die Körper mehrere Tage am Kreuz belassen, bis die Vögel diese bis auf die Knochen ausgeweidet hatten. Der nahezu skelettierte Leichnam wurde dann auf eine Müllhalde geworfen. Dass Jesus dennoch in einem Grab beigesetzt wurde, empfindet man aus heutiger, europäischer Sicht geradezu als selbstverständlich. Das war es aber nicht, denn es bedurfte dafür einer eigenen Genehmigung, die Pilatus im Falle Jesu zu erteilen hatte. Damit setzte der Statthalter Roms jenes Gesetz außer Kraft, das den Verlust der Totenehre bestimmte.

Es war also ein Gnadenakt, den Pilatus dem Joseph von Arimatäa gewährte, der um den Leichnam Jesu gebeten hatte (Joh 19,38). Dieser wusch den geschundenen, leblosen Körper – gemeinsam mit den Frauen, die unter dem Kreuz gestanden hatten – und rieb ihn mit Myrrenharz und Aloeholzstaub ein, um den abscheulichen Gestank des Leichnams erträglich zu machen. Dann salbte er ihn mit parfümiertem Olivenöl, wickelte ihn in Leinentücher und setzte ihn in einem bis dahin unberührten Grab nahe Golgota bei.

◆◇

WARUM FÜHLT SICH JESUS AM KREUZ VON GOTT VERLASSEN?

———

EIN GROSSES barockes Altarbild in der Kirche von St. Lorenzen im Mürztal zeigt den Heiligen Laurentius, wie er auf einem Rost sitzt, unter dem ein offenes Feuer brennt. Rundherum stehen geifernd Häscher, die offensichtlich Freude daran haben, den römischen Diakon leiden zu sehen. Man würde annehmen, dass der Märtyrer, der am 10. August des Jahres 258 im Feuer verbrannt wurde, schmerzverzerrt dargestellt würde. Das Gegenteil ist der Fall. Verklärt und erwartungsvoll blickt er zum Himmel. Der Legende nach soll Laurentius sogar gescherzt und seine Folterknechte aufgefordert haben: „Dreht mich um, auf der einen Seite bin ich schon fertig gebraten."

Dieses Bild sah ich als Ministrant jeden Sonntag. In meinem kindlichen Gemüt bewunderte ich den Heiligen, der voll Freude als

Märtyrer für seinen Gott in den Tod ging. Und dann kam Ostern. Es ist ein Fest, geprägt von Leid und Tod, bis endlich die Erlösung folgt. Den Karfreitag mit der grausamen Geißelung und Kreuzigung, die uns der Kaplan detailreich geschildert hatte, mochte ich am wenigsten. Die Bilder des gequälten Christus am Kreuz haben sich mir tief eingebrannt. Aber wie passte das zusammen? Laurentius geht lächelnd und vertrauensvoll in den Tod, während Jesus unter Todesqualen die Gottesferne beklagt.

Ich wandte mich mit meinen Fragen an den Pfarrer, der meinte, ich sei zu klein, um das zu verstehen. Später als Theologiestudent habe ich viele Interpretationen zu dieser Fragestellung gelesen. Die komplexen Erklärungsmuster konnte ich jedoch nicht nachvollziehen. So meint etwa der Münchener Neutestamentler Joachim Gnilka in seinem umfangreichen Kommentar zum Markus-Evangelium: „Jesus, von allen Menschen verlassen, musste auch in dieses letzte Verlassensein von Gott hinein, um an Gott festhalten zu können."[30] Ist es nicht viel einfacher? Der Psalm 22, der mit den Worten beginnt „Mein Gott, mein Gott, warum hast du mich verlassen?", gibt vermutlich die Antwort.

Als frommer Jude kannte Jesus sicher das ganze Psalterium mit seinen 150 Teilen auswendig. Wenn er sterbend am Kreuz nur die ersten beiden Verse und nicht alle 32 des Psalms rezitiert, dann entspricht er einer bis heute im Judentum gepflegten Tradition, Abschnitte aus der Tora oder einzelne Psalmen nur mit ihren ersten Versen zu benennen.

Der Psalm 22 gibt exakt die Situation Jesu wieder, wenn es heißt: „Ich aber bin ein Wurm und kein Mensch, der Leute Spott, vom Volk verachtet." Und: „Sie verteilen unter sich meine Kleider und werfen das Los über mein Gewand." Auf die Enttäuschung folgen aber Worte der Ermunterung: „Dir haben unsere Väter vertraut, sie haben vertraut und du hast sie gerettet." Und: „Du bist es, der mich aus dem Schoß meiner Mutter zog, mich barg an der Brust der Mutter."

Dieser Psalm 22 ist in seiner ganzen Dynamik ein großartiges Zwiegespräch mit Gott: zweifelnd, haderd, bittend, lobpreisend. Es ist nicht die Unterwürfigkeit eines flehenden Gläubigen, der nur die vertikale Beziehungsebene zwischen sich unten auf der Erde und Gott oben kennt. Nein, es ist auch die horizontale Ebene eines Menschen zu seinem Schöpfer. Erstmals finden wir diese Ebenbürtigkeit des Menschen mit Gott – nicht zu verwechseln mit einer Gleichheit – bei Abraham im Buch Genesis (18,23 ff). Dort diskutiert der Patriarch mit Gott, ob es gerecht sei, in Sodom und Gomorra die Gerechten mit den Ruchlosen zugleich untergehen zu lassen. Abraham will die 50 Gerechten, die 40, 30, 20 und schließlich die zehn Gerechten, die es in den Städten schlussendlich auch nicht gibt, vor Gottes Urteil schützen.

In der Erzählung des Abraham und auch im Psalm 22 finden wir das Ringen des Geschöpfes mit seinem Schöpfer. Dies zeigt, dass der Mensch keine Marionette ist, die Gott ununterbrochen lobpreisend verehren muss. Er ist auch dazu befähigt, sich mit Gott auseinanderzusetzen. Voraussetzung dafür ist neben der spirituellen auch eine intellektuelle Annäherung an Gott. In dieser wiederum muss man bereit sein auszuhalten, dass man auch als frommer Mensch auf viele Fragen keine Antwort bekommt. Gottesferne als Thema – auch im Psalm 22.

Der Betende, der im Psalm nach Gott ruft, endet aber nicht in Verzweiflung, sondern er findet – trotz seiner ausweglosen Situation – zu einem großartigen Lobpreis seines Schöpfers: „Deine Treue preise ich in großer Gemeinde; ich erfülle meine Gelübde vor denen, die Gott fürchten. Die Armen sollen essen und sich sättigen; den Herrn sollen preisen, die ihn suchen. Aufleben soll euer Herz für immer. Alle Enden der Erde sollen daran denken und werden umkehren zum Herrn: Vor ihm werfen sich alle Stämme der Völker nieder. Denn der Herr regiert als König; er herrscht über die Völker. Vor ihm allein sollen niederfallen die Mächtigen der Erde, vor ihm sich alle niederwerfen, die in der Erde ruhen. Vom Herrn wird man dem künftigen Geschlecht erzählen, seine Heilstat verkündet man dem kommenden Volk; denn er hat das Werk getan."

Das Bild des verzweifelten Christus am Kreuz scheint nach der Lektüre des Psalms 22 nicht mehr stimmig zu sein. Auch der Vers des Evangelisten Lukas (23,46) legt ein tiefes Vertrauen Jesu zu dem Schöpfergott nahe, wenn dieser am Kreuz sein Leben mit dem Wort beschließt: „Vater, in deine Hände lege ich meinen Geist."

WIE SCHMECKT KOSCHERES ESSEN?

Die Antwort finden Sie auf Seite 126.

WARUM LEHNEN DIE JUDEN JESUS ALS MESSIAS AB?

DIE MEISTEN orthodoxen Juden weisen strikt zurück, dass Jesus der Messias gewesen sein könnte. Theologisch aufgeklärt-liberale Kräfte sehen in dem Nazarener allenfalls einen „Bruder", einen „Propheten" oder einen „großen Rabbiner". Aber mit Ausnahme der kleinen Minderheit der messianischen Juden hält ihn niemand für den Erlöser, den Sohn Gottes.

Dafür sind drei Gründe entscheidend. Der erste besteht darin, dass die Abstammung Jesu aus dem Haus Davids nicht ausreichend nachgewiesen werden könne. An mehreren Stellen des Alten Testaments wird postuliert, dass der Messias väterlicherseits aus dem Hause Davids stammen muss. Zwar steht im Matthäus-Evangelium (1,16) geschrieben „Jakob zeugte den Josef, den Mann Marias, von ihr wurde Jesus geboren", aber nur wenige Verse weiter wird dessen Vaterschaft relativiert, wenn es dort heißt: „Denn das Kind, das sie erwartet, ist vom Heiligen Geist." Damit ist Josef nicht der leibliche Vater, sondern nur der Ziehvater, und dieser reicht religiösen Juden für den Abstammungsnachweis „aus dem Hause und dem Geschlechte Davids" nicht aus.

Der zweite Grund liegt in der aus dem Alten Testament abgeleiteten Vorstellung von der Erlösung durch den Messias. Nach dessen Ankunft werde vollkommener Friede und harmonische Eintracht herrschen, wie dies Jesaja (11,6–8) prophezeit: „Der Wolf findet Schutz beim Lamm, der Panther liegt beim Böcklein. Kalb und Löwe weiden zusammen, ihre Jungen liegen beieinander. Der Löwe frisst Stroh wie das Rind. Der Säugling spielt vor dem Schlupfloch der Natter und zur Höhle der Schlange streckt das Kind seine Hand aus." Dieses Bild entspricht so gar nicht unserer Welt mit all ihren Kriegen, Hungersnöten und Naturkatastrophen. So hielt der um den jüdisch-christlichen Dialog bemühte Berliner Jude Ernst Ludwig Ehrlich (1921–2007) nüchtern fest: „Jesus konnte nicht der Messias gewesen sein. Nichts, gar nichts hat sich durch ihn geändert." [31] Die christliche Position, die der jüdischen diametral entgegensteht, lautet, dass erst nach der Wiederkunft des Erlösers am Jüngsten Tag dieser friedliche Zustand eintreten werde. Bis dahin hätten die Menschen die Möglichkeit, die Welt nach ihrem freien Willen zu gestalten.

Das dritte Argument, das gegen Jesus als Messias spricht, ist ein historisches. Wie können wir, so fragen Juden, an diesen Jesus glauben, wenn die Kirchen, die ihn verkünden, uns so lange verfolgt haben? Tatsächlich brachten die meisten Kirchen die Juden über Jahrhunderte mit dem Teufel in Verbindung. Und das hatte für die Juden dramatische Folgen. Erst mit dem Zweiten Vatikanischen Konzil (1962–1965) leitete die katholische Kirche mit ihrer Erklärung „Nostra Aetate" eine radikale Abkehr von ihrer judenfeindlichen Theologie ein.

Die wohl nüchternste Analyse zum Judenhass der Kirchen und zum Rassenwahn der Nationalsozialisten formuliert der österreichische Historiker Friedrich Heer (1916–1983) in in seinem Buch „Gottes erste Liebe": „Auschwitz beruht auf eineinhalbtausendjährigen erlauchten theologischen Traditionen der Kirche." [32] Diese gehen tatsächlich ins zweite nachchristliche Jahrhundert zurück. Im Jahr 170 n. Chr. wetterte Bischof Melito von Sardes in der allerersten uns überlieferten Gemeindepredigt: „Hört es, alle Geschlechter der Völker! Ein ungeheurer Mord geschah inmitten Jerusalems. Gott ist getötet worden, der König Israels ist beseitigt worden von Israels Hand." Damit wurde der Vorwurf des Gottesmordes erstmals formuliert. Auf diesem bauen in den folgenden Jahrhunderten weitere Vorwürfe auf: der des Ritualmords, der der Hostienschändung, der der Brunnenvergiftung, der der Verbrüderung mit dem Satan.

Allen diesen Anschuldigungen ist die Vorstellung gemeinsam, dass der Jude kein menschliches Wesen, sondern ein Monstrum, eine theologische Abstraktion, ein Wesen von übermenschlicher Schlauheit und auch Bosheit sei. Von diesem „Ungeheuer" sprach auch Erzbischof Johannes Chrysostomus (um 350–407) in seinem achtteiligen Predigtzyklus, wenn er erklärte: „Der Jude ist ein schlüpfriger geiler Jude, ein dämonischer Jude, ein geldgieriger Jude, ein verfluchter Jude." Und von der Synagoge behauptete der Heilige: „Nenne einer sie Hurenhaus, Lasterstätte, Teufelsasyl, Satansburg, Seelenverderb, jeden Unheils gähnenden Abgrund oder was immer – so wird er weniger sagen, als sie verdient hat." Unverblümt rief er sogar zur Ermordung von Juden auf: „Bringt sie her und macht sie vor meinen Augen nieder!" Parallelen zum Novemberpogrom (auch: Reichskristallnacht) vom 9./10. November 1938 drängen sich auf. Dass Friedrich Heer recht hatte, belegt auch ein Vergleich zwischen dem Codex Theodosianus (um das Jahr 427) und dem „Gesetz zum Schutz des deutschen Blutes und der deutschen Ehre". In dem frühchristlichen Text heißt es: „Jede Heirat zwischen Christ und Jude ist dem Ehebruch gleichzustellen." Ähnlich ist es in der Judikatur der Nationalsozialisten formuliert: „Eheschließungen zwischen Juden und Staatsangehörigen deutschen oder artverwandten Blutes sind verboten."[33]

Von solchen Verbalinjurien der Kirchenväter war es nicht weit bis zu den ersten Brandstiftungen. So brannte 388 in Kallinikum am Euphrat eine Synagoge, in den Jahren darauf eine in Edessa, in Menorca und in Antiochien. Kaiser Theodosius verlangte daraufhin, dass diejenigen, die zum Brand angestiftet hatten, den entstandenen Schaden auch bezahlen. Der Heilige Ambrosius, Lehrer des

JUDENTUM – CHRISTENTUM – ISLAM

Kirchenvaters Augustinus, protestierte heftig: „Ich erkläre, dass ich die Synagoge in Brand gesteckt, ja, dass ich dazu den Auftrag gegeben habe, damit kein Ort mehr sei, wo Christus geleugnet wird." Ambrosius, schon zu Lebzeiten eine Autorität, zwang damit den Kaiser moralisch, seine Anordnung zurückzuziehen. Die Brandstifter blieben straffrei.

Auch der heilige Hieronymus, der sogar einen Rabbiner als Lehrer hatte, um das Alte Testament ins Lateinische übersetzen zu können, reiht sich in den Kreis der Judenhasser ein, wenn er sagt: „Wenn es schicklich ist, irgendein Volk zu hassen, so habe ich einen starken Hass auf die Beschnittenen; noch jetzt verfolgen sie unseren Herrn Jesus Christus in den Synagogen des Satans."

Auch wenn sich Martin Luther sonst von den theologischen Positionen der katholischen Kirche weit absetzte, ist er, was den Judenhass anlangt, mit ihr einer Meinung. In vielen Punkten übertrifft er sie sogar. Unter anderem, wenn er in der 1543 veröffentlichten Schrift „Von den Juden und ihren Lügen" unverhohlen zu deren Verfolgung aufruft. Unter anderem forderte er dazu auf, Synagogen anzuzünden und die Häuser von Juden zu zerstören, sodass diese fortan in Ställen und Scheunen wohnen müssen. Zudem wollte der alternde Luther alle jüdischen Gebetsbücher und Talmudausgaben konfiszieren lassen und Rabbinern die Lehre bei Todesstrafe verbieten. Und: Junge, kräftige Männer sollten zu körperlicher Arbeit gezwungen werden. Später wird man in diesem Zusammenhang von Konzentrationslagern sprechen. Auch was Luther betrifft, hatte Friedrich Heer recht. Die antijüdische Haltung der Kirche habe Auschwitz erst möglich gemacht.

Der Gottesmord schrie nach Rache. Diese Meinung vertraten viele Christen, die auch überzeugt waren, dass dieses schwere Verbrechen in jeder Generation aufs Neue gesühnt werden müsse. Um nun die Bestrafung der Juden – bis hin zu deren physischer Auslöschung – zu legitimieren, bediente man sich im Mittelalter „lebendiger Kreuze". Das kunsthistorisch wertvollste Exemplar in Österreich befindet sich in der Pfarrkirche St. Andrä in Thörl-

Maglern. Dort zeigen Fresken aus der Zeit um 1470 einen Gekreuzigten. Aus den beiden Enden des Querbalkens wachsen Hände, von denen eine auf eine Frau mit verbundenen Augen verweist, die auf einem aus hundert Wunden blutenden Esel reitet. Sie ist als Prostituierte zu erkennen. Durch ihren Kopf dringt ein Schwert, bis ins Herz, geführt von der einen Hand aus dem Kreuzesstamm. Der Name der Frau: Synagoga. Zur Rechten Jesu reitet auch eine Frau. Ihr Reittier ist kräftig und gesund und ähnelt einem Löwen. Sie selbst trägt ein wallendes Kleid und die magische Hand setzt ihr eine Krone auf. Ihr Name: Ecclesia, Kirche.

In diesem Fresko ist es Jesus selbst, der die Synagoge tötet, woraus für den Betrachter folgt: Wenn Christus die Juden tötet, dann erfüllen wir seinen Willen, wenn wir es ihm gleichtun.

Der Antisemitismus der Nationalsozialisten nährte sich aus einer Rassenideologie, die mit dem Antisemitismus des Christentums nichts gemein hat. Und dennoch wäre Hitler nie auf diesen fanatischen Judenhass gekommen, wäre dieser nicht über Jahrhunderte zuvor von den Kirchen kultiviert worden, erklärt Friedrich Heer.

Viele Juden, die den Dialog mit Christen suchen, würdigen sehr wohl die Bemühungen der letzten Päpste – beginnend mit Johannes XXIII. – und deren Kampf gegen den katholischen Antijudaismus. Aber mit noch so tief empfundenen Worten des Bedauerns ist das Leid nicht ungeschehen zu machen. Die Wunden der Verfolgung und die Angst, diese könnte jederzeit wieder losbrechen, sitzen tief. Wenngleich es diesmal nicht die Christen sind, die zur Vernichtung der Juden und ihres Staates aufrufen, sondern immer wieder die schiitischen Regierungen im Iran.

IST GOLGOTA ALS ORT DER KREUZIGUNG HISTORISCH GESICHERT?

ES IST bekannt, dass die Römer Tote immer nur vor den Mauern einer Stadt beisetzten. Kann also die Grabeskirche, die heute inmitten der Altstadt von Jerusalem liegt, überhaupt der historische Ort der Kreuzigung und Grablegung Jesu sein? Die Antwort liefert Dieter Vieweger, Direktor des Deutschen archäologischen Instituts in Jerusalem, der unter der evangelischen Erlöserkirche Ausgrabungen durchführte. Dabei entdeckte er, dass das Areal vor 2000 Jahren als Steinbruch genutzt wurde. Unter Herodes dem Großen (73–4 v.Chr.) wurden dort Quader gebrochen, die für den Ausbau der Stadt verwendet wurden. In einem Teil des Steinbruchs war das Material von minderer Qualität, weshalb dort nicht weiter abgebaut wurde. In der Landschaft blieb somit eine Erhöhung stehen, die die Menschen an die Form eines Schädels erinnerte. Diesen Hügel nannten sie Golgota.

Viewegers Untersuchungen bewiesen, dass der heute als Kreuzigungs-stelle verehrte Felsen zur Zeit der Römer außerhalb der Stadtmauer lag und somit prinzipiell als Ort der Kreuzigung und Grablegung in-frage kommt. Aber ist er es auch tatsächlich gewesen? Dafür gibt es nur Indizien. Vermutlich besuchten die Judenchristen immer wieder die Schädelstätte, wo sie den auferstandenen Christus verehrten. Da-ran dürfte sie bis ins Jahr 135 nach Christus auch niemand gehindert haben. Danach wird die Situation allerdings unüberschaubar.

Im Jahr 135 schlug der römische Kaiser Hadrian den zweiten Aufstand der Juden gegen Rom nieder. Um einen dritten Krieg zu ver-hindern, beschloss Hadrian, das Judentum nachhaltig zu schwächen. So begann er, jene Orte zu überbauen, die den Juden besonders wich-tig waren. Sein Ziel war es, die Erinnerungen an frühere Traditionen auszulöschen. Offenbar waren Golgota und das Grab Jesu von den Judenchristen so sehr verehrt worden, dass Hadrian glaubte, darüber ein Heiligtum für Jupiter und Venus errichten zu müssen. Damit aber nicht genug: Er verbot den Juden – und damit auch den Judenchristen – in Jerusalem zu wohnen und er bedrohte jeden mit der Todesstrafe, der sich der Stadt auch nur näherte. Seine Politik der Überfremdung trieb er so weit, dass er Jerusalem den Namen Colonia Aelia Capitolina verlieh. Das Land Israel nannte er in Erinnerung an die Philister – die Erzfeinde Israels aus frühen biblischen Zeiten – Palästina.

Kaiserin Helena, die Mutter von Kaiser Konstantin, reiste im Jahr 326 nach Jerusalem und ließ auf der Suche nach dem Heiligen Grab den heidnischen Tempel des Hadrian niederreißen. Bischof Eusebius von Caesarea (ca. 260–340), der „Vater der Kirchen-geschichte", kommentierte das Ereignis folgendermaßen: „Es ist un-verhofft das ehrwürdige und hochheilige Monument der rettenden Auferstehung Jesu wieder zum Vorschein gekommen." Wenn man dem Kirchenvater Eusebius Glauben schenkt, dann ist die Grabes-kirche, die Helena nach Abtragen des römischen Tempels hatte errich-ten lassen, der historische Ort der Kreuzigung und Grablegung Jesu.

Der Terminus „Grabeskirche", wie er von den Kirchen im Westen verwendet wird, ist nicht sehr glücklich gewählt. Theologisch präziser ist jener der Ostkirchen, die von der „Anastasis", der Kirche der „Auferstehung", sprechen. Dies entspricht eher dem Glauben der Christen, deren ganze Religion eben auf der Auferstehung, und nicht auf der Grablegung beruht. Abgesehen davon ist die orthodoxe Bezeichnung eine, die Bewegung und Dynamik suggeriert, während die andere an statische Ruhe denken lässt – eben an eine Grabesruhe.

Es gibt in Jerusalem noch einen zweiten Ort, der potenziell als Grab Christi infrage kommt. Entdeckt wurde das Gartengrab 1883 vom Briten Charles George Gordon am Tag seiner Ankunft in der Stadt. Er deutete zwei durch Verwitterung entstandene Löcher in einem Felsen, der nördlich der heutigen Altstadtmauer zwischen dem Damaskus- und dem Herodestor liegt, als Augenhöhlen. Ein in der Nähe gelegenes Felsengrab meinte er, als jenes von Jesus identifizieren zu können. Gordon stützte seine Theorie darauf, dass die Römer ihre Toten stets außerhalb der Stadtmauern beigesetzt hatten. Was Gordon nicht bedachte: Die Stelle, an der die heutige Grabeskirche steht, lag zur Zeit Jesu ebenfalls außerhalb der Mauern. Dieses Argument zählt bei vielen freikirchlichen Christen nicht. Sie besuchen meist nur das Gartengrab und nicht die Grabeskirche. Die „alten Kirchen" und der Umstand, dass sie selbst dort nicht vertreten sind, sind ihnen ein Ärgernis.

Die Kreuzigung Jesu wird in Jerusalem also zweimal lokalisiert. Es werden drei Säulen verehrt, an denen Jesus gegeißelt worden sein soll. Und an drei Orten wird die Emmaus-Erzählung tradiert. Auch das Grab Mariens, von dem es zwei in Jerusalem gibt, wird noch ein drittes Mal verehrt: in Ephesus. Auf die von Touristen gestellte einfache Frage „Sind diese heiligen Orte tatsächlich historisch?", gibt es also keine einfache Antwort.

Wie aber steht es um die übrigen Orte, die im Neuen Testament erwähnt werden? Einige, wie Nazareth, Kapernaum oder Caesarea Maritima, sind unbestritten und auch gut archäologisch abgesichert. Bei Betlehem ist es schwieriger. Mit letzter Sicherheit lässt sich nicht sagen, ob die heute verehrte Grotte unter der Geburtskirche auch tatsächlich die Stelle der Menschwerdung Jesu ist.

Hier gibt es – ähnlich wie in der Grabeskirche – nur indirekte Beweise. Aber mit hoher Wahrscheinlichkeit ist der Ort authentisch.

Es gibt Begebenheiten im Neuen Testament, die an Orten im Freien stattfanden und heute nicht mehr zu lokalisieren sind. Eine davon ist die Bergpredigt (Mt 5,1 ff). Der italienische Architekt Antonio Barluzzi wählte 1937 irgendeinen beliebigen Hügel am Nordufer des Sees Gennesaret aus, um auf diesem eine Kirche zu errichten. In ihr setzte er den Text der Seligpreisungen in einem Oktogonalbau um. Viele Gruppen kommen hierher, um in dem von Franziskanerinnen liebevoll gepflegten Garten eine heilige Messe zu feiern. Gläubige zweifeln nicht daran, dort auf heiligem Boden zu stehen. Es sind eben nicht nur archäologische Funde, die einen Ort zu einem heiligen machen, sondern auch das Gebet der vielen Gläubigen, die seit Jahrzehnten dorthin pilgern. Ähnliches gilt auch für die Kapelle „Dominus flevit" am Ölberg in Jerusalem.

Bemerkenswert ist, dass biblische Orte manchmal verlagert wurden. Bei Kana, dem Ort des Weinwunders (Joh 2), ist dies beispielsweise der Fall. Würde ein Guide seine Gruppe in das historische Khirbet Kana führen, dann würde diese vermutlich verständnislos reagieren, denn außer ein paar Ruinen und von Steinmauern begrenzte Wiesen, auf denen Schafe und Ziegen weiden, ist dort nichts zu sehen.

Warum und wann der Ort des Weinwunders vom historischen Khirbet Kana in das heutige Kafr Kana verlegt wurde, ist unklar. Sicher ist, dass die orthodoxen Griechen 1566 im neuen Kana eine Kirche errichteten, was wiederum die Franziskaner bewog, dort auch ein Grundstück zu erwerben. Nach unendlichen Querelen mit den osmanischen Herrschern wurde ihnen 1881 der Bau jener Kirche gestattet, die Touristen dort heute besichtigen. In ihr lesen Pilger aus dem Johannesevangelium den Text von der Verwandlung von Wasser in Wein. Dabei ist es ihnen nicht wichtig, ob sie sich im alten oder im neuen Kana an das erste Auftreten Jesu erinnern.

◆◆

WARUM VERSETZEN DIE KREUZFAHRER DIE ARABER NOCH IMMER IN ANGST?

ES WAR Mitte Mai im Jahr 1291. Unter den etwa 35.000 Bewohnern der Stadt Akko breitete sich Panik aus. Seit sechs Wochen belagerten die 70.000 Reiter und etwa 150.000 Fußsoldaten des Mamelucken-Sultans Khalil al-Aschraf die letzte Enklave der Kreuzfahrer. Aber nicht die Übermacht der Truppen allein fürchteten die 1000 Ritter und 14.000 Infanteristen, sondern vor allem die schweren Wurfmaschinen, die die Muslime zum Einsatz brachten. Sie entfalteten eine bisher nie gekannte Zerstörungskraft: 300 Meter flogen ihre bis zu 200 Kilo schweren Kugeln und schlugen Breschen in die Verteidigungsmauern.

Jedes Mal, wenn solch ein Geschoss einschlug, erzitterte Akko, und mit jedem weiteren Einschlag konnten sich deren Bewohner ausrechnen, wann die Stadt fallen würde. Der einzige Fluchtweg war jener über das Meer, aber dort standen nicht genügend Schiffe bereit, um all die Flüchtenden aufzunehmen. Und so kam es, dass manche wohlhabende Dame der Gesellschaft erst ihren Schmuck anbot und schließlich noch sich selbst, um einen der wenigen rettenden Plätze an Bord zu ergattern. Nur die Dominikaner-Mönche setzten weiterhin ihr Vertrauen auf den christlichen Gott und sangen den Pfingsthymnus „Veni creator spiritus" („Komm, Schöpfer Geist"). Mit diesem Lobpreis Gottes auf den Lippen wurden sie ermordet.

Die Lage in der Stadt verschärfte sich noch zusätzlich, weil Vertreter aus Venedig und Genua gegeneinander einen regelrechten Krieg führten. Es ging um gekränkte Ehre und um die künftigen Handelsrechte für Wein, Rohrzucker, Amber aus Walmägen, aber auch um das Harz der Pistazienbäume, um Weihrauch, Reliquien, Teppiche, Seide und Edelsteine.

Aber all diese Verbindungen wurden ab dem 18. Mai obsolet, denn die Stadt fiel den Muslimen in die Hände. Ein furchtbares Massaker war die Folge: Ein anonymer Chronist berichtet, dass sich zwei muslimische Soldaten um eine Frau stritten. Und weil sie sich nicht einigen konnten und keiner sie dem anderen gönnte, wurde sie kurzerhand getötet. Einer anderen Christin wurde der Säugling entrissen und zu Boden geworfen, wo ihn die Pferde zu Tode trampelten. Kriegshandlungen waren und sind allerorts und zu allen Zeiten von Unmenschlichkeit unvorstellbaren Ausmaßes geprägt. Und so waren auch die Kreuzfahrer bei der Eroberung des Landes nicht weniger brutal vorgegangen.

Mit dem 18. Mai 1291 – keine 200 Jahre nachdem Papst Urban II. am Konzil von Clermont am 27. November 1095 zur ersten bewaffneten Wallfahrt aufgerufen hatten – war die Idee einer Besetzung der Levante und deren christlicher Stätten für die katholische Kirche auch schon wieder Geschichte. Die Muslime gingen daraus als Sieger hervor. Danach wurde das Gebiet mehr als 500 Jahre lang – bis zum Feldzug Napoleons nach Ägypten und Palästina (1798–1801) – nie mehr Aufmarschgebiet europäischer Soldaten. Ganz im Gegenteil: Gestärkt und selbstbewusst versuchten die Muslime, ihr Reich auszuweiten, und kamen dabei zweimal (1529 und 1683) bis vor Wien. Dennoch: Für die islamische Welt ist der Terminus „Kreuzzug" angstbesetzt. Reflexartig werden Feindbilder konstruiert: der Westen gegen die muslimische Welt, das Christentum gegen den Islam.

Es darf bezweifelt werden, dass es George Bush jr. bewusst war, was er bewirken würde, als er nur fünf Tage nach den Anschlägen des 11. September 2001 verkündete: „Wir werden einen Kreuzzug führen, um die Welt von den Übeltätern zu befreien." Bereits am Tag nach der Katastrophe um das World Trade Center in New York hatte er erklärt: „Es wird einen monumentalen Kampf des Guten gegen das Böse geben."[34] Dieser bis zum Äußersten ausgedehnte Dualismus von „Wir" und „Ihr" bei gleichzeitiger, völlig undifferenzierter Zuschreibung von „Gut" und „Böse" hat die muslimische Welt von Marokko bis Indonesien aufgeschreckt. Und dies zurecht, denn bereits Jahre davor hatten die USA gezeigt, dass sie in der Lage sind, ihre Interessen in der Region durchzusetzen. Am 2. August 1990 hatte der damalige irakische Diktator Saddam Hussein seinen Nachbarn Kuwait unter dem Vorwand überfallen, das kleine Scheichtum habe dem Irak Öl gestohlen. Heute weiß man: Diplomatische Vertreter der USA hatten in Bagdad im Vorfeld ihr Stillschweigen bekundet und erklärt, sich in einen „innerarabischen Konflikt" nicht einmischen zu wollen. Dies dürfte den Diktator ermuntert haben. Dann aber änderten die USA ihre Meinung und bildeten eine internationale Allianz zur Befreiung Kuwaits, die unter amerikanischer Führung stand. Am 16. Jänner 1991 begann der Krieg.

Was von dem „Kreuzzug" der Amerikaner und ihrer Verbündeten blieb, war eine Region, die auf Jahrzehnte hinaus wirtschaftlich und politisch instabil war, und ein tief sitzender kultureller Schock. Der Krieg, den die US-geführten Truppen von Saudi-Arabien aus führten, hatte mit sich gebracht, dass unverschleierte Soldatinnen

dort stationiert wurden. Dies verstieß gegen die damals gelten-
den Gesetze des Landes, weil die Soldatinnen knielange Röcke trugen und Autos lenkten. Das brachte die saudischen Herrscher, mit
Mekka und Medina immerhin die „Bewahrer" der heiligsten Stätten
des Islam, in arge Bedrängnis. Um eine Imagekorrektur bemüht,
schlugen sie vor, die undichte Kuppel des Felsendoms in Jerusalem
„mit purem Gold" abzudichten und zu verzieren. König Hussein
von Jordanien, der „Bewahrer" der heiligen Stätten in Jerusalem,
ließ das nicht zu. Er ließ die Kuppel aus Kupfer mit rund acht Kilo
24-karätigem Blattgold überziehen und finanzierte die enormen
Kosten aus seiner Privatschatulle.

Ein Kreuzzug – so sieht es die muslimische Welt – ist ein
Gewaltakt des christlichen Westens, der seine eigenen Vorstellungen mit allen Mitteln durchzusetzen will. Von enormer Brutalität ist
bereits beim ersten Kreuzzug die Rede, der am 15. Juli 1099 zur Eroberung Jerusalems führte. Historiker schätzen, dass die europäischen
Christen etwa 10.000 Menschen in Jerusalem niedermetzelten.
Danach schwamm die Stadt in Blut und die Straßen waren übersät
mit Leichen. Sogar sechs Monate später, so berichtet ein christlicher
Pilger, der Ende 1099 erstmals die Heilige Stadt besuchte, habe es
noch immer nach Tod und Verwesung gestunken. Selbst Muslime,
die sich auf das Dach der Al-Aqsa-Moschee geflüchtet und denen
man freies Geleit zugesichert hatte, wurden hingeschlachtet. Es
muss tatsächlich gewesen sein, wie es in dem Kreuzfahrerlied besungen wird: „Von Blut viel' Ströme fließen, indem wir ohn' Verdrießen
das Volk des Irrtums spießen. Jerusalem, frohlocke. / Des Tempels
Pflastersteine bedeckt sind von Gebeinen der Toten allgemeine.
Jerusalem, frohlocke. / Stoßt sie in Feuergluten! Oh, jauchzet auf, ihr
Guten, dieweil die Bösen bluten. Jerusalem, frohlocke!"

Christen seien die Guten, Muslime die Bösen. So wollte es
die damalige Theologie und für diese Sichtweise gab es auch über-
zeugende Argumente. So hatte der ägyptische Herrscher El-Hakim
1009 die Grabeskirche dem Erdboden gleichmachen lassen. Es
gab aber auch andere gläubige Muslime, die ganz und gar nicht in

das Bild der Kirche vom bösen Muslim passen wollten. Etwa Salah ad-Din Yusuf ibn Ayyub ad-Dawini, kurz Saladin. Als er im Oktober 1187 Jerusalem aus den Händen der Kreuzfahrer eroberte, richtete er bewusst kein Massaker an. Ganz im Gegenteil: Er ermöglicht es jedem einzelnen Bewohner der Stadt, sich gegen ein Lösegeld die Freiheit zu erkaufen. Saladins Beamte saßen an den Toren der Stadt und ließen jeden ziehen, der das verlangte Kopfgeld bezahlen konnte. Als ein Bischof mit einem Kirchenschatz aus schwerem Gold die Stadt verlassen wollte, baten die Soldaten Saladin, für diesen offensichtlich reichen Mann einen höheren Preis verlangen zu dürfen. Saladin lehnte ab, denn Mensch sei Mensch.

Mit solchem Edelmut tat man sich in Europa, das vornehmlich das Feindbild Islam pflegte, schwer. Manche glaubten, Saladin sei ein „Kryptochrist", und Dante Alighieri verbannte ihn nur in die zweite Hölle, wo es noch nicht ganz so schrecklich war. Dass er aber im Reich des Bösen landen müsse, war klar, denn es galt der Grundsatz: „Extra ecclesiam nulla salus" („Außerhalb der Kirche gibt es kein Heil"). Erst Gotthold Ephraim Lessing sah in Saladin den rechtgläubigen Muslim. Als solchen machte er ihn zum Repräsentanten des menschenfreundlichen Islam im Ideendrama „Nathan der Weise".

Kreuzzüge – jene des Mittelalters und auch jene der Moderne – werden in Europa als Frontstellung zwischen zwei Lagern gesehen. Das stimmt historisch gesehen aber nicht, denn: Die meisten Opfer gab es immer in den eigenen Reihen der Muslime. So kämpfte Saladin zwischen 1174 und 1187 nur elf Monate gegen Christen, aber 33 gegen Muslime. Und auch heute noch fordert der Terror in Europa nur einen Bruchteil des Blutzolls, den die arabische Welt zu bezahlen hat. In den Jahren der Instabilität im Nahen Osten, die auf Großkonflikte wie beispielsweise im Irak folgten, brachen stets innerarabische Konflikte auf, wie jener zwischen Schiiten und Sunniten, der seit 1300 Jahren schwelt.

◆◇

WIE KOMMT ÖSTERREICH ZU EINEM HOSPIZ IN JERUSALEM?

ETWA 200 Meter nach dem Ecce-Homo-Bogen biegt die Via Dolorosa im rechten Winkel nach links ab und verbreitert sich zu einem kleinen Platz. An dessen nördlicher Seite führen ein paar Stufen zu einer Holztür, neben der die Tafel hängt: „Hospiz zur HL. Familie – Austrian Hospice." Von außen sieht das Gebäude unscheinbar aus. Wenn man es betritt, befindet man sich in einer „Insel" der Ruhe. Das Haus, das Beherbergungsbetrieb und Restaurant zugleich ist, ist ein Ruhepol inmitten der lärmenden Altstadt. Man fühlt sich zurückversetzt in die Zeiten der österreichisch-ungarischen Monarchie. Zahlreiche Fürsten- und Grafengeschlechter – die Coudenhoves, die Pallavicinis und die Czernins –, sie alle waren da. Und natürlich auch das Haus Habsburg selbst. Erzherzog Ferdinand Maximilian, der spätere glücklose Kaiser von

Mexiko, war 1855 zumindest in die Planung des Hauses eingebunden. Sein älterer Bruder Kaiser Franz Joseph weihte das Hospiz am 19. März 1869 ein und Kronprinz Rudolf besuchte es 1881.

Das Haus, eines der mächtigsten in der Altstadt, ist eine prominente Adresse. Betagte, einst aus Mitteleuropa vertriebene Juden und deren Kinder kommen, um ein Stück alter Heimat zu spüren, in die sie freilich nie mehr zurückkehren würden. Österreicher lieben das Haus und bestellen – auch wenn sie erst zwei Tage von zu Hause weg sind – gerne ein Wiener Schnitzel. Die Deutschen folgen den Empfehlungen einiger ihrer großen Tageszeitungen und bestellen einen Apfelstrudel. Das Haus ist eben eine „Insel", denn wo sonst findet man inmitten des Orients Annehmlichkeiten wie steirisches Bier, Wiener Küche, europäische Kultur?

Wie aber kommt Österreich zu dem Privileg, inmitten der Altstadt an der Via Dolorosa solch ein Haus zu haben? Dazu eine Rückblende: Es ist der 18. Mai 1291. Nach sechswöchiger Belagerung nahmen die muslimischen Streitmächte Akko ein. Damit ging nach einer knapp 200-jährigen Präsenz die Zeit der Kreuzfahrer im Heiligen Land zu Ende.

In den Jahrhunderten danach gab es keine einzige von einem europäischen Land oder einer der großen Kirchen organisierte Fahrt dorthin. Nur einzelne Pilger nahmen den beschwerlichen Weg auf sich, um dann schwer enttäuscht zu sein. Sie sprachen von einem „Fluch", der auf der heruntergekommenen Stadt Jerusalem und dem ganzen Land liege, in dem zu biblischen Zeiten „Milch und Honig" geflossen sein sollen. Palästina, so beklagten sie, habe keinen einzigen ordentlichen Hafen, die Brücken seien zerfallen, die Straßen verödet, die Wälder abgeholzt.

Wenn man schon nicht ins Heilige Land reisen konnte, dann holte man sich dieses nach Europa, wo es in jeder katholischen Kirche mit den 14 Stationen des Leidensweges Christi präsent ist. Im 16. Jahrhundert kamen dann zahlreiche Loreto-Kapellen hinzu, angeblich Nachbildungen der Santa Casa, jenes Hauses, in dem Maria in Nazareth gewohnt haben soll. Darüber hinaus wurde das unerreichbare Jerusalem in Kirchenliedern besungen. Das Land der Bibel blieb Jahrhunderte fern, aber in der Welt der Gläubigen dennoch präsent.

Zu einer realen Wiederbegegnung mit dem Orient kam es schließlich durch den Ägypten-Feldzug Napoleons (1798–1801), der von 167 Wissenschaftlern begleitet wurde: Geografen, Landvermesser, Kartografen. Auch wenn der Franzose Palästina nicht einnehmen konnte, so entfachte er doch ein reges Interesse am Orient. Daraufhin folgte ein Wettstreit unter den europäischen Mächten, den Franz Joseph I. für sich entscheiden konnte. Er besuchte als erster kaiserlicher Regent nach knapp 600 Jahren das Land und besiegelte damit das imperialistische Interesse der Habsburgerkrone an der Terra Santa und den christlichen heiligen Stätten.

Schon 14 Jahre zuvor hatte Erzherzog Ferdinand Maximilian, der jüngere Bruder des Monarchen, eine Reise ins Heilige Land unternommen. Bis heute erinnert der Altar in der Kreuzauffindungskapelle der Grabeskirche an den Besuch des damals erst 23-jährigen Konteradmirals. Mit diesem Altar wollte der Erzherzog – wie die meisten Pilger auch – seine Spuren an diesem heiligen Ort hinterlassen. Und wie die meisten Pilger nahm auch der Erzherzog etwas mit nach Hause. Im Garten von Getsemani ließ er einen Stein brechen und nach Wien transportieren. Dieser wurde am 24. April 1856, dem zweiten Hochzeitstag von Franz Joseph und Sisi, zum Grundstein der Votivkirche in Wien.

Etwas an den heiligen Ort zu bringen und etwas mitzunehmen – beides sind bis heute gängige Grundmuster des Pilgerns. Den Habsburgern war dies allerdings zu wenig. Sie wollten darüber hinaus im Heiligen Land dauerhaft präsent sein, wie der Wiener Historiker Helmut Wohnout schreibt: „Für die Gründung des österreichischen Hospizes waren zwei unterschiedliche Argumentationsstränge, ein weltlicher und ein kirchenpolitischer, maßgeblich gewesen."[35] Politisch und militärisch hatte Österreich dem Osmanischen Reich geholfen, die Oberhoheit über sein ganzes Territorium zu erreichen. Dieses war 1832 verloren gegangen, weil der ägyptische Statthalter Mehmet Ali sich gegen seinen Herrscher aufgelehnt und Palästina erobert hatte. Durch das militärische Eingreifen eines britisch-österreichischen Flottenverbandes im Herbst 1840 konnte die osmanische Herrschaft über die ägyptische und syrische Provinz, zu der auch Palästina gehörte, wiederhergestellt werden.

Diese Hilfe für den Sultan trachtete Metternich politisch umzusetzen: Er wollte Österreich ein festes Standbein in der Levante verschaffen. Dabei spielten für ihn neben wirtschaftlichen auch religionspolitische Überlegungen eine Rolle. Metternich ging es darum, ein Gegengewicht zu Frankreich, das traditionell das Protektorat über die Katholiken im Heiligen Land wahrnahm, zu schaffen. Denn völkerrechtlich hatte die Habsburgermonarchie seit 1699 die Schutzfunktion für alle Katholiken im Osmanischen Reich inne. Diese war 1699 in den Friedensverträgen von Karlowitz mit dem Sultan festgeschrieben worden.

Österreich hat seine Bindungen an die osmanische Provinz Palästina durch die Errichtung von Konsulaten in Jaffa, Akko und Jerusalem, durch die Postämter in Jaffa und Jerusalem gefestigt. Und natürlich durch den Bau des Österreichischen Hospizes.

Das Haus ist in jedem Fall einen Besuch wert. Des Apfelstrudels wegen, aber auch weil man vom Dach einen wunderbaren Blick über die Altstadt genießen kann.

WARUM IST JERUSALEM DIE DRITTHEILIGSTE STADT IM ISLAM?

DIE FRAGE ist mehr als berechtigt, denn die Stadt wird im Koran nicht ein einziges Mal erwähnt. Dennoch ist Jerusalem nach Mekka und Medina für Muslime die drittheiligste Stadt. Muslime sind davon überzeugt, dass ein Gebet, von hier aus in den Himmel gesandt, 50.000-mal mehr wert sei als von jedem anderen Ort der Welt.

Die Heiligkeit der Stadt, die im Arabischen als „Al Quds", „die Heilige", bezeichnet wird, begründet sich aus der Sure 17,1. In der „Nachtreise" heißt es: „Preis sei dem, der seinen Diener bei Nacht von der heiligen Moschee zur fernsten Moschee, die wir ringsum gesegnet haben, reisen ließ." Dieser Satz gibt viele Fragen auf. Steht die „fernste Moschee" in Jerusalem oder ist damit der Himmel gemeint, in den der Prophet Mohammed für einen kurzen Augenblick aufgestiegen sein soll? Beide Varianten wurden im Islam erörtert. Die Jerusalem-Theorie hat sich durchgesetzt. Daher heißt die Gebetsmoschee am Areal des ehemaligen jüdischen Tempels auch „Al-Aqsa-Moschee", „die Entfernte".

Unweit davon wurde über dem Ort der Himmelfahrt Mohammeds der achteckige Felsendom errichtet. Mit seiner goldenen Kuppel prägt er das gesamte Stadtbild. In dessen Zentrum liegt ein Stein, dem höchste Verehrung zukommt. Auf ihm soll der Hufabdruck des pferdeähnlichen Tiers zu sehen sein, auf dem der Prophet von Mekka nach Jerusalem geritten sein soll. Auch ein Handabdruck des Erzengels Gabriel wird gezeigt. In einer Höhle unter dem unbehauenen Stein sollen sich im „Brunnen der Seelen" zweimal wöchentlich alle verstorbenen Muslime versammeln. Und nahe dem Felsen wird in einem Schrein ein Barthaar des Propheten verehrt. Unweit davon liegt eine Platte über dem angeblichen Grab des König Salomon, in die der Prophet zwölf goldene Nägel geschlagen haben soll. Außerdem, so behaupten fromme Muslime, würden unter dem Felsen große Süßwasserflüsse entspringen. So viele Traditionen an einem Ort! Es ist wenig überraschend, dass der Islam hier den „Nabel der Welt" lokalisiert.

Kontrovers wurde im Islam lange Zeit die Frage diskutiert, ob der Prophet diese Nachtreise körperlich oder nur in Form einer Vision gemacht habe. Gesichert ist, dass Mohammed mit einer Karawane durch das Gebiet des heutigen Jordanien bis ins südsyrische Bosra zog. Sicher ist auch, dass er nie in Jerusalem war. Religiöse und historische Wahrheit klaffen oft auseinander.

Auch wenn der Prophet die heilige Stadt physisch nie besucht hatte, so musste sich der Islam doch irgendwie dort verorten, wo zwei monotheistische Religionen beheimatet waren. Denn sonst wäre die junge Religion vermutlich für lange Zeit bloß auf einige nomadisierende Stämme auf der arabischen Halbinsel beschränkt geblieben. In Jerusalem konnte sich Mohammed mit dem Judentum und Christentum direkt konfrontieren und die Überlegenheit des neuen Glaubens beweisen. Mohammed tat dies ähnlich wie Jesus, der am Berg Tabor (Lk 9,28–36) mit Moses und Elias gebetet hatte. Die Verklärung auf dem Berg sollte bezeugen, dass Jesus der legitime

Erbe der alttestamentarischen Weissagungen ist. Er, Jesus, sei der Vollender des Gesetzes, das durch Mose vertreten war. Die Anwesenheit des Elias, dem im Judentum die Rolle des messianischen Verkünders zukommt, wiederum soll belegen: Jesus ist der, auf den Israel gewartet hat.

Bei Mohammed wiederholte sich die Struktur der jesuanischen Tabor-Geschichte, wenn er auf dem Felsen von Jerusalem mit seinen „Vätern" Adam und Abraham und seinen „Brüdern" Moses, Josef und Jesus sowie Abraham betete. Danach stieg er auf einer Leiter in den Himmel auf. Er postulierte damit: Ich, Mohammed, stehe in einer großen Tradition von Offenbarungsträgern Gottes. Dies wird von großen biblischen Gestalten bezeugt.

Für den Islam ist es auch von enormer Bedeutung zu zeigen, dass Mohammed der letzte Offenbarungsträger Gottes sei und ihm keiner mehr nachfolgen werde. Dazu findet sich in der Biografie des Propheten folgende Geschichte: In der südsyrischen Stadt Bosra entdeckte ein Mönch namens Bahira beim zwölfjährigen Mohammed das „Siegel des Propheten". Dieses körperliche Zeichen zwischen den Schulterblättern des jungen Mannes sollte beweisen, dass mit ihm die lange Reihe von Männern abgeschlossen sei, durch die sich der Schöpfer des Universums mit einer Botschaft an die Menschheit gewandt habe. Im Koran heißt es in der Sure 33, 40: „Mohammed ist der Gesandte Gottes und das Siegel der Propheten." Mehr Autoritätsnachweis konnte bislang niemand erbringen.

Jerusalem war eben die prominenteste Adresse, an der der Prophet seine Botschaft verbreiten konnte. Eine Adresse, an der man als Vertreter einer jungen Religion auch viel lernen konnte. So übernahm der junge Islam von den älteren monotheistischen Religionen deren Grundstruktur und interpretierte sie für sich neu. Er übernahm die Sieben-Tage-Woche, er setzte sich mit dem Freitag als dem heiligen Tag vor den Schabbat und vor den Sonntag. Er wollte damit zeigen, dass dem Islam in allem Vorrang zukomme. Mohammed übernahm auch die Grundstruktur des Gebetsrufs. Die Juden verwenden dafür das Schofarhorn, die Christen die Glocken. Der

Islam wählt die menschliche Stimme. Mohammed betete auch freitags bei Sonnenuntergang – dem Beginn des jüdischen Schabbats – und fastete am Jom Kippur, am Versöhnungstag. Er praktizierte die Beschneidung und verbot, Schweinefleisch zu essen. Im religiösen Empfinden des Propheten war Jerusalem so zentral, dass er zunächst die Qibla, die Gebetsrichtung, dorthin ausrichtete.

Bei der hohen Verehrung, die der Stadt Jerusalem im Islam zukommt, scheint es unverständlich, dass diese im Koran nicht einmal namentlich erwähnt wird. Der Grund dafür liegt in der theologischen Konzeption. Generell spielen im Koran Raum-Zeit-Bezüge eine untergeordnete Rolle. Ganz anders ist dies in der Bibel. Der Evangelist Lukas (2,12 ff) stellt bei der Geburt Jesu beispielsweise einen klaren Zeit- und Ortsbezug her, wenn er schreibt: „Es geschah aber in jenen Tagen, dass Kaiser Augustus den Befehl erließ ... Da ging jeder in seine Stadt, um sich eintragen zu lassen. So zog auch Josef von der Stadt Nazareth in Galiläa hinauf nach Judäa in die Stadt Davids, die Betlehem heißt."

Der Koran hingegen verbreitet eine beinahe enthistorisierte Botschaft. Daraus leiten viele Islamwissenschaftler ab: Der Koran ist universal ausgerichtet. Er wendet sich nicht an eine genealogisch begründete Gemeinschaft, so wie die Tora an die Juden gerichtet ist. Er will über Grenzen hinweg alle jene Menschen erreichen, die Allah gläubig verehren.

Diese zwar nicht absolute, aber im Koran doch weitgehend durchgehaltene Zeit- und Ortslosigkeit bedeutet aber auch, dass der Islam ursprünglich keinen Anspruch auf ein heiliges Land erhob. Zugleich wird die Verheißung des „heiligen Landes" an das Volk Israel nie infrage gestellt. Soweit die theologische Idee, die allerdings sehr bald von der Realpolitik eingeholt wurde. Im Jahr 638 eroberten Muslime Jerusalem und die ortsungebundene Universalität wurde durch einen klaren Territorialanspruch ersetzt.

In den kommenden Jahrhunderten gab es Zeiten, in denen Jerusalem völlig darniederlag und unter der arabischen Oberhoheit in der Region zu einer armseligen Provinzstadt verkam. Seit der

Staatsgründung Israels 1948 und erst recht durch die Eroberung der Altstadt Jerusalems im Sechstagekrieg von 1967 gewann die Stadt in der islamischen Welt wieder an Bedeutung. So rief der hochrangige islamische Geistliche Safwat Hagazy im Sommer 2012, unmittelbar nach der Wahl des Muslimbruders Mohammed Mursi (1951–2019) zum Staatspräsidenten Ägyptens, aus: „Nicht Kairo, Mekka oder Medina, sondern Jerusalem soll mit Allahs Hilfe unsere Hauptstadt werden. Unter Mursi werden die arabischen Nationen wieder eine Macht mit Jerusalem im Mittelpunkt. Entweder werden wir in Jerusalem beten oder als Märtyrer sterben."[36]

WARUM STEHT ÜBER MARIA IM KORAN MEHR ALS IN DER BIBEL?

DIE VORNEHMEN Bewohner Roms und Konstantinopels hatten größtes Interesse an Produkten aus dem Orient: an Weihrauch, Gewürzen und an Seide aus Indien. Diese Waren wurden von arabischstämmigen Beduinen gehandelt, die in Karawanen aus den Tiefen der saudi-arabischen Halbinsel bis an die Mittelmeerhäfen von Gaza oder Alexandria zogen. Die Beduinen waren es, die die Heiligen Schriften des Christentums mit sich führten. Darunter waren auch Texte, die sich nicht in der heutigen Bibel finden. In manchen dieser sogenannten apokryphen Evangelien sind Maria und Josef die zentralen Figuren. In Wundererzählungen wird ihr Leben stark ausgeschmückt beschrieben, was die Volksfrömmigkeit beflügelte. Diese Erzählungen faszinierten auch den Propheten Mohammed, der in Mekka, dem Kreuzungspunkt mehrerer Karawanenwege, davon gehört hatte. Von Maria und Jesus tief beeindruckt ließ er, als er im Jahr 630 die Kaaba reinigte, deren Bilder unversehrt. Alle anderen Bilder von Göttern und Götzen entfernte er. Später finden sich diese Erzählungen im Koran wieder.

Gläubige Besucher, die die Geburtskirche in Betlehem verlassen, stehen unter dem Eindruck des Ortes, an dem Gott Mensch geworden ist. Sie haben keinen Blick für die Moschee am anderen Ende des Krippenplatzes und auch nicht für die beiden hochgewachsenen Dattelpalmen, die deren Eingang flankieren. Selbst wenn die Pilger und Touristen das muslimische Gotteshaus wahrnehmen würden, so wüssten die meisten vermutlich nicht, dass diese Moschee Maria gewidmet ist. Sie wird von den Muslimen als Maryam hoch verehrt und ihr wird im Koran in den Suren 3 und 19 mehr Bedeutung geschenkt, als dies im gesamten Neuen Testament der Fall ist. Die Sure 19 trägt sogar den Namen Maryam, sie ist überhaupt die einzige Frau, die namentlich im Koran genannt wird. Damit wird klar: Maria gehört den Christen nicht alleine.

Um seiner von der Geburt erschöpften Mutter Kraft zu spenden, soll das in Betlehem neugeborene Jesuskind seiner Mutter zugerufen haben: „Sei nicht traurig, dein Herr hat ja unter dir ein Bächlein geschaffen. Und schüttle zu dir den Palmenstamm, so lässt er frische, reife Datteln auf dich herabfallen. So iss und trink und sei frohen Mutes." So steht es in der Sure 19,24–26. Deshalb stehen am Krippenplatz zwei Palmen.

Maria ist die innigst verehrte Frau im Islam. Sie wird als Vorbild für weibliche Frömmigkeit, Mutterschaft und bedingungslose Unterwerfung unter den Willen Gottes dargestellt. Im Koran wird sie als Jungfrau und Mutter beschrieben, aber nicht als Gottesmutter, denn Jesus wurde erschaffen und ist folglich nicht „Gottes eingeborener Sohn". Jesus, der keinen leiblichen Vater hat, wurde – wie Adam auch – allein durch das Wort Gottes ins Dasein gerufen. Er ist frei von Sünde, wie Mohammed erklärte: „Jedes Kind, das geboren wird, wird vom Satan berührt, und diese Berührung lässt es schreien, ausgenommen Maryam und ihren Sohn."

Jesus spielt im Koran eine bedeutsame Rolle, selbst wenn von seinem Leben und seiner Lehrtätigkeit nur wenig berichtet wird. So kommen nur die Wahl der Apostel und die „Herabsendung der Tische", eine Anspielung auf das Wunder der Brotvermehrung, vor. Der Kreuzestod wird geleugnet und vom irdischen Ende Jesu heißt es: „Ich werde dich abberufen." Und: „Gott hat ihn zu sich erhoben." Seitdem lebt Jesus im Himmel, von wo er am Ende der Zeiten wiederkommen wird, um dem Islam zur universellen Geltung zu verhelfen.

Seiner Stellung im Islam entsprechend, wird Jesus mit zahlreichen Ehrentiteln versehen. Einmal wird er als „Prophet" bezeichnet, von denen es allerdings viele gibt. Viel öfter taucht die Bezeichnung „rasul" („Gesandter") auf. So werden nur noch die wenigen bezeichnet, denen eine Buch-Offenbarung zuteilwurde: Moses, König David und Jesus. Zudem werden ihm die Titel „Messias", „Wort von Gott" und „Geist von Gott" zugeschrieben.

Wie so oft war es die Realpolitik, die zu einer deutlichen Verstimmung zwischen dem jungen Islam und dem Christentum führte. Es waren muslimische Eroberer im Norden der arabischen Halbinsel, die an die Grenzen des byzantinischen Reiches stießen. Von den dort wohnhaften christlichen Beduinen erwarteten sie, dass diese den neuen Glauben annehmen. Diese weigerten sich aber erfolgreich. Deshalb warfen ihnen die Muslime Polytheismus vor. „Christus ist Gottes Sohn. Das ist Ihre Rede aus ihrem eigenen Munde", heißt es in Sure 9,30 anschuldigend gegen die Christen. Damit verliert das Christentum in den Augen der Muslime seinen Status als streng monotheistische Religion. Aber immerhin wird den Christen – wie übrigens den Juden auch – das Recht von „Schutzbefohlenen" zuerkannt. Sie werden als „Dhimmi" mit eingeschränktem Rechtsstatus für Leben, Besitz und Religionsausübung geduldet und auch geschützt. Dieser Schutz sollte aber nicht darüber hinwegtäuschen, dass „Dhimmi" unter islamischer Herrschaft immer nur Bürger zweiter Klasse waren. Sie wurden nicht bekämpft und auch nicht verfolgt. Dafür verlangte man, dass sie sich nicht mit den

Feinden des Islam verbünden, dass sie den Propheten nicht schmä-
hen und dass sie die Dschizya entrichten, eine ihnen auferlegte
Kopfsteuer.

Es ist eine sehr wechselvolle Beziehung, die das Verhältnis
zwischen Christentum und Islam bestimmt. Auch wenn es den
Spruch des Propheten gibt „Wer einem Juden oder Christen Unrecht
tut, gegen den trete ich selbst als Ankläger am Tage des Gerichts
auf", so setzte sich doch bald eine andere Praxis durch. Schon im
siebenten Jahrhundert beklagte der byzantinische Chronist Theo-
phanes, dass die Kopfsteuer erhöht, die Schatzkammern der Kirchen
beschlagnahmt und die Christen aus den Staatsämtern entfernt
worden seien. Es durften keine Kreuze mehr gezeigt werden und der
Bau neuer Kirchen – und auch Synagogen – wurde verboten.

Die Praxis, Christen zu unterdrücken und zu verfolgen, lebt
in vielen muslimischen Ländern in den letzten Jahrzehnten wieder
auf. Saudi-Arabien besteht darauf, dass Kreuze aus den Flugzeugen
westlicher Fluggesellschaften entfernt werden. In Ägypten, wo die
christlichen Kopten etwa zehn Prozent der Bevölkerung ausmachen,
brennen seit dem „arabischen Frühling" wieder Kirchen. Und selbst
in der offiziell laizistischen Türkei, wo es nur 0,2 Prozent Christen
gibt, müssen diese eine Genehmigung einholen, wenn sie zum Fest
des Heiligen Nikolaus in dessen Gedächtniskirche eine Heilige
Messe feiern wollen. Die zunehmende Islamisierung der Gegenwart
hat also durchaus historische Vorlagen.

WIE VERSTEHEN JUDEN DIE TORA?

Die Antwort finden Sie auf Seite 149.

WAS WAR
WANN?

3760 vor Chr.: Schöpfung der Welt nach mythologisch-jüdischer Zeitrechnung

SPÄTBRONZEZEIT (1800–1200 V. CHR.)
ZEIT DER PATRIARCHEN

Zwischen 1800–1600: Abraham lebt in der Gegend von Mamre bei Hebron, Jakob in Sichem und Bet El und Isaak bei Beer Sheba (Gen 11,50–50,26)

Um 1400: Die „Söhne Jakobs" in Ägypten (Gen 37–Ex 11)

Um 1250: Exodus der Israeliten aus Ägypten unter der Führung von Moses (Ex 12–14). Der Auszug erfolgte entweder in der Regierungszeit von Pharao Ramses II. (1304–1237) oder dessen Sohn Merneptah (1236–1223).

EISENZEIT (1200–600 V. CHR.)
ZEIT DER RICHTER (1200–1020 V. CHR.)

Einwanderung der Stämme Israels nach Kanaan aus dem Gebiet des Ostjordanlandes, wobei Ruben, Gad und ein Teil von Menasse im Gebiet des heutigen Jordanien verbleiben (Jos 1–12). Die Israeliten, die in Stadtstaaten organisiert sind, haben noch keinen gemeinsamen Führer, sondern folgen – meist in Krisenzeiten – dem Wort der „Richter".

Zur gleichen Zeit lassen sich die Philister und andere Seevölker aus der Ägäis an der südlichen Küste Kanaans im Gebiet zwischen dem heutigen Gazastreifen, Ashkalon und Ashdod nieder.

ZEIT DER KÖNIGE (1020–597 V. CHR.)

Um 1020: Der Richter Samuel salbt mit Saul den ersten König Israels (1020–1004; 1 Sam 9–31). Auf ihn folgt David (2 Sam 2–1 Kön 2), der sich im Kampf gegen die Philister ausgezeichnet hat. Er erobert Jerusalem, macht es zur Hauptstadt und schafft nach Jahren der Auseinandersetzung Frieden. Er überträgt die Königswürde seinem Sohn Salomon (965–928), der den ersten Tempel in Jerusalem errichtet (1 Kön 2–11). Israel erreicht seine größte Ausdehnung.

931: Das Königreich zerfällt in zwei Teile (1 Kön 12,1–19): in das Südreich Juda und das Nordreich Israel.

Um 870: König Ahab heiratet die Phönizierin Isebel, wodurch der Einfluss des Baalkults stärker wird. Dagegen kämpft der Prophet Elias an (1 Kön 16,29–22,40).

Um 750: Amos und Hosea sind die ersten Schriftpropheten, da ihre Aussagen gesammelt werden.

735–701: Auftritt von Jesaja, des ersten „großen Propheten", dessen Einfluss auf Israel sehr nachhaltig ist.

722: Zerstörung Samarias und des Nordreiches Israel durch die Assyrer (2 Kön 17). Teile der Bevölkerung werden unter Zwang in andere Länder verbracht, dafür „Heiden" angesiedelt.

701: Die Assyrer belagern unter der Führung Sanheribs Jerusalem, das wie durch ein Wunder gerettet wird.

PERSISCHE HERRSCHAFT (CA. 600–332 V. CHR.)

597: Juda wird vom babylonischen König Nebukadnezar II. erobert. Als Strafe nimmt er Teile der Bevölkerung in sein Reich mit (Babylonische Gefangenschaft; 2 Kön 25, 8–26). Unter den Deportierten wirkt der Prophet Ezechiel (592–571) im Exil. In Jerusalem fällt der neue König Zidkija von Babylon ab.

586: Nebukadnezar erobert Jerusalem erneut und zerstört die Stadt nachhaltig, indem er die Mauern schleift, den Tempel zerstört und einen noch größeren Teil der Bevölkerung exiliert. Der Prophet Jeremias bleibt freiwillig in Jerusalem bei der völlig verarmten Restbevölkerung zurück.

539: Der Perserkönig Kyros erobert das neubabylonische Reich und ermöglicht den Juden ein Jahr später die Rückkehr in ihre Heimat (Esra 1,1–4). Wiederaufbau des Tempels auf Betreiben der Propheten Haggai und Sacharja (520–525) und Abspaltung der Samaritaner.

HELLENISTISCHE ZEIT (332–63 V. CHR.)

332: Alexander der Große besiegt die Perser und erobert Palästina und Ägypten. Die griechische Sprache und auch die griechische Kultur werden dominant, wenngleich sich das Aramäische auch noch als Umgangssprache hält. Die damit eng verwandte hebräische Sprache und die hebräische Schrift verlieren an Bedeutung und werden nur mehr im Sakralbereich verwendet – sie werden zur heiligen Sprache und Schrift.

323: Tod Alexander des Großen, wodurch Palästina an die ägyptischen Ptolemäer fällt, die eine tolerante Religionspolitik betreiben.

250: Übersetzung der hebräischen Bibel ins Griechische (Septuaginta)

198–164: Palästina fällt an die Rivalen der Ptolemäer, an die syrischen Seleukiden. Die Juden passen ihre Religion immer stärker der Umwelt an.

167: Verbot der jüdischen Bräuche. Als Reaktion darauf kommt es zu dem Aufstand der Makkabäer (1. und 2. Buch der Makkabäer) unter der Führung von Judas, der 161 im Kampf fällt, und seines Bruders Jonatan, der Hoherpriester wird.

164: Wiedereinweihung des Tempels (1 Makk 4,36–61)

143: Der Hohepriester Simeon (143–135) wird unabhängig und von den Römern anerkannt. Aus den priesterlichen Makkabäern wird das Herrscherhaus der Hasmonäer, das bis ins Jahr 63 regiert (1 Makk 13–16).

Ab 150: Bau des Klosters der Essener in Qumran sowie der großen bis heute bestehenden Grabmonumente im Kidrontal in Jerusalem.

134–76: Die Hasmonäer Johannes Hyrkanus I. (143–104; 1 Makk 16) und Alexander Jannai (103–76) erweitern ihren Herrschaftsbereich durch Eroberungen und treiben mit Gewalt in Galiläa, Samaria, Idumäa und den Gebieten jenseits des Jordans eine Zwangs-judaisierung voran.

RÖMERHERRSCHAFT (63 V. CHR.–300 N. CHR.)

63: Der römische Feldherr Pompeius erobert Palästina, unterstellt es der römischen Provinz Syria, und setzt den Idumäer Antipater (Vater von Herodes dem Großen) als Statthalter in Jerusalem ein.

37–4 v. Chr: Regierung von Herodes dem Großen. Da aber die Parther Palästina überrannt hatten, ernennt Rom Antipaters Sohn Herodes zum König. Dieser muss zunächst die Eindringlinge vertreiben, ehe er seine Herrschaft de facto antreten kann. Herodes erweist sich als der wichtigste Baumeister in der Geschichte des Landes. Unter anderem errichtet er die Festung Antonia und seinen Palast am heutigen Jaffa-Tor. Er lässt den Tempel zum größten Einzelbauwerk der Antike erweitern und erbaut die Stadt Caesarea Maritima sowie das Patriarchengrab in Hebron, das Theater in Bet Shean u. v. m. Vor seinem Tod teilt er sein Reich auf drei Söhne auf: Archelaos (4 v. Chr.– 6. n. Chr.) bekommt Judäa, Samaria, Idumäa und die Krone, Antipas (4 v. Chr.–39 n. Chr.) wird „Vierfürst" von Galiläa und dem südlichen Ostjordanland und Philippus (4 v. Chr.–34 n. Chr.) regiert das nördli-che Ostjordanland.

Zwischen 7 und 4 vor Christus: Geburt Jesu

6 n. Chr. Der Herodes-Sohn Archelaos wird von Kaiser Augustus abgesetzt und Judäa und auch Samaria somit römische Provinz.

17–22: Bau der Stadt Tiberias durch Herodes Antipas

26–36: Pontius Pilatus, römischer Prokurator in Judäa

Um 27–28: Johannes der Täufer, der am Jordan wirkte und die Ankunft des Messias verkündete

27/28: Taufe Jesu

29: Enthauptung des Täufers

Um 27–30 n. Chr.: Öffentliches Auftreten Jesu

28 oder 30: Kreuzestod Jesu (7. April / 14. Nisan)

Um 33: Steinigung des ersten Märtyrers Stephanus

Um 35: Bekehrung des Paulus in Damaskus

Um 41: Taufe des Römischen Hauptmanns Kornelius in Caesarea, Beginn der Heidenmission

42: Enthauptung des Apostels Jakobus

Um 48/49: Apostelkonzil in Jerusalem

50/51–52/53: Paulus zum ersten Mal in Korinth

58/59: Zweijährige Gefangenschaft des Paulus in Caesarea

Um 52–60: Abfassung der Paulusbriefe

62: Der Hohepriester Hannas II. lässt Jakobus, den „Bruder des Herrn" und ersten Bischof von Jerusalem, hinrichten.

64 oder 67: Hinrichtung des Petrus und Paulus in Rom

66: Die Zeloten (radikale Juden) beginnen den Ersten Jüdischen Aufstand gegen die Römer. Die Christen ziehen sich nach Pella im heutigen Jordanien zurück.

70: Eroberung Jerusalems durch den Feldherrn Titus und Zerstörung des Tempels

70–80: Judenchristen aus Palästina kommen nach Ephesus, unter ihnen der Presbyter Johannes.

73: Letzte jüdische Bastion, die von Herodes ausgebaute Trutzburg Masada, wird von den Römern erobert. Knapp 1000 Juden begehen Selbstmord.

Um 70–100: Abfassung der Evangelien

Um 100: Synode von Jamnia: In das Achtzehnbittengebet der Juden wird eine Fluchformel gegen die „Nazarener" eingeführt und damit werden die Judenchristen aus der Synagoge ausgeschlossen. Zugleich Verfolgung der Christen.
Weiters wird auf der Synode der Kanon der hebräischen Bibel festgelegt.

132–135: Zweiter jüdischer Aufstand gegen die Römer unter militärischer Führung von Simon Bar Kochba und der geistigen von Rabbi Akiba. Nach dem Sieg der Römer werden Juden und auch Judenchristen aus Jerusalem ausgewiesen und diese als heidnische Stadt Colonia Aelia Capitolina neu gegründet. Aus dieser Zeit stammt der Ecce-Homo-Bogen mit Lithostrotos.

Ab 135 bis ins vierte Jahrhundert: Nach der Vertreibung aus Jerusalem blühen die jüdischen Orte in Galiläa auf. Reich geschmückte Synagogen entstehen in Hammat-Tiberias, Korazin und Kafarnaum. In Bet Shearim entsteht eine Katakombenstadt, in Hammat Gader eine Therme.

196: Das Konzil von Caesarea legt den Ostertermin fest.

Um 200: Der Kanon des Neuen Testaments wird festgelegt.

230–253: Der Kirchenvater Origines, ursprünglich Lehrer an der Theologenschule von Alexandria, siedelt sich in Caesarea an, wo er – für die theologischen Auseinandersetzungen mit den Juden – die Hexapla erstellt. Darin stehen das Alte Testament in zwei hebräischen Textierungen und vier griechische Übersetzungen nebeneinander.

303–310: Brutale Christenverfolgung in Caesarea und Gaza

BYZANTINISCHE PERIODE (313-638)

313: Kaiser Konstantin beendet die Verfolgung der Christen und erkennt das Christentum als gesetzmäßige Religion an.

313–339: Eusebius, der Bischof von Caesarea (auch als „Vater der Kirchengeschichte" bezeichnet) verfasst das erste geografische Handbuch zur Bibel.

326: Helena, die Mutter von Kaiser Konstantin, besucht das Land, beseitigt alte heidnisch-römische Heiligtümer über dem Felsen Golgota und auch in Betlehem und errichtet mehrere Kirchen.

333: Der Pilger von Bordeaux ist der erste abendländische Wallfahrer, der vom Heiligen Land berichtet.

381–384: Die aus Westeuropa stammende Pilgerin Aetheria (auch: Egeria) bereist das Heilige Land und hinterlässt den aufschlussreichsten Pilgerbericht dieser Periode.

361–363: Kaiser Julian kehrt zum Heidentum zurück und unterstützt in Opposition zu den Christen das Judentum.

385: Die römische Patrizierin Paula kommt mit ihrer Tochter und weiteren Damen ins Land, wo sie in Betlehem ein Kloster gründen. Ihr Reisebegleiter Hieronymus lässt sich dort nieder und übersetzt bis zu seinem Tod (420) die Bibel ins Lateinische (Vulgata).

527–565: Unter Kaiser Justinian kommt es zu einer Blütezeit des Heiligen Landes. Nach der Hagia Sophia und der Apostelkirche in Konstantinopel wird in Jerusalem die Nea-Basilika und auf dem Sinai eine Klosteranlage, die später der heiligen Katharina geweiht wird, errichtet.

529: Aufstand der Samaritaner gegen den Kaiser, bei dem sie zahlreiche Kirchen zerstören.

614: Der Einfall der Perser führt zur Zerstörung fast aller Kirchen im Land. Sie verschleppen auch die Reliquie des Heiligen Kreuzes, die um 630 wieder nach Jerusalem zurückkehrt.

FRÜHARABISCHE PERIODE (638–1099)

638: Eroberung des Landes durch den Kalifen Omar. Patriarch Sophronius übergibt Jerusalem dem Kalifen am Ölberg.

660: Kalif Muawija begründet die Dynastie der Omajjaden, die ihre Residenz in Damaskus hat, aber in Jerusalem den Felsendom (Fertigstellung 691) und die Al-Aqsa-Moschee errichten lässt.

730: Das aus dem Alten Testament stammende Bildverbot, das der Islam übernommen hat, wird von Kaiser Leo III. auch der byzantinischen Kirche verordnet. Daraufhin werden zahlreiche Ikonen von den Bilderstürmern (Ikonoklasten) verbrannt und viele Mosaike zerstört.

750: Die Omajjaden werden von den Abbasiden abgelöst, die ihre Residenz in Bagdad haben.

797: Kaiser Karl der Große, der gute Beziehungen zum Kalifen von Bagdad, Harun al-Raschid, unterhält, bekommt einen Schlüssel zur Grabeskirche und lässt diese nach dem Erdbeben von 746 restaurieren.

869: Das Konzil von Konstantinopel verurteilt den Bildersturm, nachdem er im Westen bereits 794 beendet worden ist.

969: Beim Machtwechsel von den Abbasiden (Bagdad) zu den Fatimiden (Regierungssitz in Kairo) wird die Grabeskirche angezündet; es entstehen aber keine massiven Schäden.

1009: Der Kalif el Hakim, dessen Mutter Christin ist, zerstört die Grabeskirche. Das war einer der Auslöser für die Kreuzzüge.

1054: Morgenländisches Schisma. Der Bischof von Rom und der Patriarch von Konstantinopel belegen die jeweils andere Kirche mit dem Kirchenbann. Dieser wird erst wieder im Dezember 1965 aufgehoben, nachdem sich im Jänner 1964 Papst Paul VI. und Patriarch Athenagoras in Jerusalem getroffen haben.

1095: Der oströmische Kaiser Alexios I. bittet Papst Urban II. um Hilfe gegen die türkischen Seldschuken, die das Byzantinische Reich im Osten bedrohen. Urban II. ruft am Konzil von Clermont 1095 zum ersten Kreuzzug auf.

KREUZFAHRERZEIT (1099–1291)

1099: Die Kreuzfahrer erobern am 15. Juli unter der Führung von Gottfried von Bouillon Jerusalem. Sie richten ein schreckliches Blutbad an und installieren das Lateinische Königreich.

1100: Gottfried von Bouillon stirbt und dessen Bruder Balduin wird in Bethlehem zum „König von Jerusalem" gewählt.

1113: Anfänge des Johanniter- und Hospitaliterordens

1147–1149: Zweiter Kreuzzug, an dem neben dem römisch-deutschen König Konrad III. auch der französische König Ludwig VII. teilnimmt. Die Heere kommen gar nicht bis ins Heilige Land, sondern werden im Gebiet der heutigen Türkei aufgerieben.

1171: Der kurdische Heerführer Saladin erringt die Macht in der sunnitischen Welt, löst die Dynastie der Fatimiden ab und gründet in Kairo das Ayyubiden-Sultanat.

1187: Saladin fügt bei den Hörnern von Hattin den Kreuzfahrern eine vernichtende Niederlage zu. Wichtige bis dahin von den Christen besetzte Orte – auch Jerusalem – fallen Saladin zu.

1189–1191: Dritter Kreuzzug zur Wiedereroberung der zwei Jahre zuvor verlorenen Gebiete. Es nehmen neben dem französischen König

Philipp II. und dem englischen Richard Löwenherz auch der Baben-berger-Herzog Leopold V. und der römisch-deutsche Kaiser Friedrich Barbarossa teil. Dieser ertrinkt bei der Durchquerung eines Flusses in Anatolien. Die beiden verbliebenen Könige und der Babenberger erobern nach zweijähriger Belagerung Akko, das fortan Hauptstadt der Kreuzfahrer wird. Jerusalem bleibt in der Hand der Muslime. Beim Kampf um Akko sollen die österreichischen Nationalfarben ent-standen sein.

1192: Durch einen Friedensvertrag zwischen Saladin und Löwenherz erhalten die Christen freien Zugang nach Jerusalem.

1193: Tod Saladins

1198: Gründung des Deutschen Ritterordens

1202–1204: Vierter Kreuzzug: Das Angriffsziel war ursprünglich Ägyp-ten. Doch das Heer wendet sich Konstantinopel zu, das 1204 in die Hände der Lateiner fällt, die die Stadt hemmungslos plündern. Dieses Unternehmen führt zu einer irreparablen Schwächung von Byzanz gegenüber den Türken und steigert den Hass gegen die Lateiner.

1212: Kinderkreuzzug, der von einem Buben mit einer angeblich gött-lichen Botschaft angeführt wird und der in Genua sein Ende findet. Zahlreiche Kinder werden in die Sklaverei verkauft.

1217–1229: Fünfter Kreuzzug. An ihm nehmen französische, ungarische und österreichische Kreuzfahrer teil. Sie steuern Damiette in Ägypten an. Prominentester Teilnehmer: Franz von Assisi, der in Ägypten bis zum Sultan vordringt, den er überzeugen will, die Kämpfe zu beenden. Der Mönch erringt zwar die Achtung von al-Kamil, das Morden geht aber weiter.

1229: Kaiser Friedrich II. und Sultan al-Kamil schließen einen auf zehn Jahre befristeten Friedensvertrag, durch den Jerusalem wieder an die Christen fällt. Friedrich II. hatte bereits 1215 versprochen, das „Kreuz auf sich zu nehmen". Weil er sein Versprechen immer wieder hinausgeschoben hatte, wurde er von Papst Gregor IX. im Jahr 1227 exkommuniziert. Ein Jahr später bricht der Kaiser – gegen den Willen des Papstes – dann doch ins Heilige Land auf, schließt Frieden und beendet so den Fünften Kreuzzug.

1244: Rund 10.000 Söldner aus Ostpersien stürmen Jerusalem und vernichten die Stadt. Danach muss jeder christliche Pilger für das Betreten des Heiligen Grabes eine Maut bezahlen.

1248–1254: Sechster Kreuzzug. Ludwig IX. von Frankreich erobert Damiette, wird aber vor Kairo geschlagen. Er kann sich gegen hohes Lösegeld freikaufen.

1261: Der byzantinische Kaiser Michael VIII. erobert Konstantinopel zurück und vernichtet damit das Lateinische Königreich, das 1204 gegründet worden war.

1270: Siebenter Kreuzzug: König Ludwig IX. von Frankreich beginnt seinen zweiten Kreuzzug. Er kommt bis Tunis, wo er stirbt. Das war der letzte Versuch eines europäischen Monarchen, Jerusalem zu befreien. Von den einst vier Kreuzfahrerstaaten, dem Königreich Jerusalem, dem Fürstentum Antiochia, und den Grafschaften Tripolis und Edessa, bestehen nur noch Tripolis und Jerusalem, das aber nur mehr ein paar Küstenstädte umfasst.

1289: Mit Tripolis bricht auch der dritte Kreuzfahrerstaat zusammen.

1291: Nach sechswöchiger Belagerung erobern ägyptische Truppen am 18. Mai die Stadt Akko und richten ein Blutbad an. Bald danach ergeben sich die letzten Bastionen der Christen: Sidon, Tyros, Beirut. Damit findet die Kreuzzugsbewegung ins Heilige Land nach nicht einmal 200 Jahren ihr Ende.

ZEIT DER MAMELUCKEN (1265–1516)

1265: Die Mamelucken, einst muslimische Militärsklaven türkischer oder kaukasischer Herkunft, die sich eine dominierende Stellung als Heerführer sicherten, übernehmen die Herrschaft in Palästina.

1333: Franziskaner übernehmen am Heiligen Grab in Jerusalem den Dienst. Neun Jahre später werden sie von Papst Clemens VI. zu den „Hütern der heiligen Stätten" ernannt.

1480: Beginn des Brauchs, Pilger zum „Ritter des Heiligen Grabes" zu schlagen.

Nach 1492: Einwanderung zahlreicher Juden, die aus Spanien und Portugal vertrieben wurden. Blüte der Kabbala.

ZEIT DER OSMANEN (1516–1918)

1516: der osmanische (türkische) Sultan Selim I. erobert Palästina.

1520–1566: Suleiman der Prächtige, der mit seinen Truppen 1529 bis Wien kommt, restauriert die Mauern und die Zitadelle von Jerusalem.

1523: Ignatius von Loyola, Begründer des Jesuitenordens, besucht Jerusalem.

1799: Pascha Ahmed Jezzar vereitelt den Versuch Napoleons, Akko einzunehmen.

1808: Brand in der Grabeskirche. Europa ist mit den napoleonischen Kriegen beschäftigt, dafür übernimmt das erstarkende Russland den Wiederaufbau.

1836: Den Franziskanern wird es erlaubt, heilige Stätten zu erwerben.

1842–1846: Gründung des evangelisch-anglikanischen Bistums von Jerusalem. Europäische Mächte richten Konsulate in Jerusalem ein.

1847: Erstmalige Wiederherstellung des Lateinischen Patriachats seit der Kreuzfahrerzeit. In diesem Jahr verschwindet auch der 14-zackige Stern in der Geburtsgrotte von Bethlehem. Dies ist eine weitere Episode in einer Reihe von Zwischenfällen, bei denen es um das Protektorat der Christen im Heiligen Land geht. Dieser Vorfall ist einer der Auslöser des Krimkriegs (1853–1856).

1852: Die türkische Regierung verkündet den „status quo" für die heiligen Stätten, in dem bis heute die Rechte der einzelnen Konfessionen, etwa in der Grabeskirche oder in Bethlehem, geregelt sind. Gründung der deutschen lutherischen Gemeinde in Jerusalem.

1855: Gründung des Deutschen Vereins vom Heiligen Land in Köln

1868: Die „Templer", evangelische Pietisten aus Württemberg, gründen in Haifa, Jaffa und Jerusalem deutsche Kolonien.

1869: Kaiser Franz Joseph eröffnet bei einem Besuch das Österreichische Hospiz in der Altstadt von Jerusalem und spendet Geld für den Bau der Katharinenkirche in Bethlehem und der Salvatorkirche in Jerusalem.

1882: Beginn einer verstärkten jüdischen Einwanderung (1. Alijah)

1896: Theodor Herzl, Wiener Jude und Begründer des modernen Zionismus, veröffentlicht sein Buch „Der Judenstaat".

1897: Erster Zionistenkongress in Basel, der die Errichtung einer nationalen Heimstätte für Juden in Palästina fordert.

1898: Besuch des deutschen Kaisers Wilhelm II. in Jerusalem – Einweihung der evangelischen Erlöserkirche und Erwerb jenes Areals, auf dem später die katholische Kirche Dormitio Mariae errichtet wird. Theodor Herzl trifft den deutschen Kaiser in Jerusalem.

1903: Baubeginn des Augusta-Victoria-Baukomplexes am Ölberg, eines ursprünglich nach der Frau des dt. Kaisers benannten Spitals. Wird heute vom Lutherischen Weltbund getragen.

1904–1914: 2. Alijah

1906: Einweihung des deutschen Benediktinerklosters Dormitio Mariae am Zionsberg

1908: Errichtung des deutschen Paulus-Hospizes nahe dem Damaskus-Tor

1909: Gründung von Tel Aviv

1910: Gründung des ersten Kibbuzes im Land. Degania liegt in Galiläa.

1914: Ausbruch des Ersten Weltkriegs. Das Osmanische Reich kämpft an der Seite Deutschlands und Österreich-Ungarns.

1915/1916: McMahon-Briefe. In diesen sichert der britische Hochkommissar in Ägypten dem Scherifen von Mekka, Hussein Ibn Ali, die Unabhängigkeit der Araber zu, wenn diese sich gegen die osmanischen Herrscher erheben. Mit dieser Aktion wollen die Briten, die sich gegen die Türkei im Krieg befinden, diese von innen heraus schwächen.

1916: In einem Geheimpapier, dem Sykes-Picot-Abkommen, einigen sich Frankreich und Großbritannien auf die Teilung des Osmanischen Reiches nach dessen Niederlage.

1917: In der Hoffnung, Juden weltweit für die britischen Kriegsziele zu begeistern, schreibt Außenminister Arthur James Balfour an Baron Edmond Rothschild einen Brief, wonach London „die Schaffung einer nationalen Heimstätte in Palästina für das jüdische Volk mit Wohlwollen" betrachtet.

1917: Britische Truppen unter General Allenby ziehen nach einem Sieg über die Türken in Jerusalem ein, womit der 400-jährigen osmanischen Herrschaft ein Ende gesetzt wird.

1918: Das Osmanische Reich streckt die Waffen und zerfällt.

1919: Auf der Pariser Friedenskonferenz wird ein Vertrag zwischen Emir Faisal I. und Chaim Weizmann vorgestellt, in dem sich Araber und Juden zur „größtmöglichen und aufrichtigen Zusammenarbeit" bei der Entwicklung des arabischen Königreichs und des jüdischen Staates verpflichten. Einzige Bedingung des Emirs: Die Araber müssen die ihnen von den Briten zugesagte Unabhängigkeit tatsächlich erlangen – das ist aber nicht der Fall.

BRITISCHES MANDAT (1920–1948)

1920: In der Konferenz von San Remo teilen sich die Siegermächte den Nahen Osten auf: Frankreich erhält das Mandat über das Gebiet des heutigen Syrien und des Libanon, Großbritannien über das Gebiet von Palästina, Jordanien und des Irak. 1922 bestätigt der Völkerbund diese Aufteilung.

Der Leichnam von Jelisaweta Fjodorowna, geborene Prinzessin von Hessen-Darmstadt, Schwester der letzten Zarin Alexandra und Enkelin von Königin Victoria, die als angeheiratetes Mitglied der Zarenfamilie 1918 ermordet wurde, wird in der Kirche der Maria Magdalena am Ölberg beigesetzt.

1925: Eröffnung der Hebräischen Universität in Jerusalem

1929: Arabisches Massaker an Juden in Hebron; schwere Unruhen auch in Safed und Jerusalem

1932–1938: Nach der Machtübernahme Hitlers wandern rund 200.000 Juden nach Palästina ein.

1936–1939: Arabische Aufstände gegen die britische Mandatspolitik und gegen die Einwanderung von Juden

1939: Weißbuch der britischen Regierung zur jüdischen Einwanderungsbeschränkung

1945: Auch nach dem Ende des Zweiten Weltkriegs widersetzt sich die britische Mandatsmacht der jüdischen Einwanderung. Die Juden gründen militärische Untergrundorganisationen, um Araber und Briten zu bekämpfen. Zwei ihrer Führer: die späteren Ministerpräsidenten Menachem Begin und Yitzhak Shamir.

1946: Jordanien wird unabhängig und zum Königreich.

1947: In der Resolution 181 beschließt die UNO die Teilung Palästinas in einen arabischen und einen jüdischen Teil sowie die Internationalisierung Jerusalems. Die Araber lehnen ab.

STAATSGRÜNDUNG ISRAELS (14. MAI 1948)

1948: Beendigung des britischen Mandats und Proklamation des Staates Israel am 14. Mai. Unabhängigkeitskrieg Israels gegen alle arabischen Nachbarstaaten, der 1949 mit mehreren Waffenstillstandsabkommen endet. Am Tag der Staatsgründung stehen 600.000 Juden doppelt so vielen Arabern gegenüber. Ein Massaker jüdischer Extremisten in dem arabischen Dorf Deir Yassin nahe von Jerusalem fordert 250 Tote und führt zu einer Massenflucht der Araber.

1948–1951: Jüdische Masseneinwanderung aus Ägypten, dem Jemen und dem Irak (etwa 700.000 Personen).

1950: Jordanien annektiert die arabischen Teile Palästinas.

1951: Jordaniens König Abdullah wird beim Gebet in der Al-Aqsa-Moschee von Palästinensern ermordet.

1956: Einmarsch Israels in den Sinai nach der ägyptischen Blockade der Straße von Tiran für israelische Schiffe.

1961: Prozess gegen Adolf Eichmann in Jerusalem, der mit einem Todesurteil endet.

1964: Papst Paul VI. besucht das Heilige Land und trifft am Ölberg mit Athenagoras den Ökumenischen Patriarchen von Konstantinopel. Ein Jahr später erfolgt die Aufhebung des gegenseitigen Kirchenbanns aus dem Jahre 1054. Gründung der PLO.

1965: Aufnahme diplomatischer Beziehungen zwischen Israel und der Bundesrepublik Deutschland

1967: Im Sechstagekrieg (5.–10. Juni), von Ägypten mit der Sperre von Wasserwegen im Süden des Sinai provoziert, erobert Israel von Jordanien Ost-Jerusalem mit der Altstadt sowie das Westjordanland, von Syrien die Golanhöhen und von Ägypten den Gaza-Streifen und die Sinai-Halbinsel. Viele Palästinenser fliehen nach Jordanien. Die UNO legt in der Resolution 242 fest, dass Israel sich aus den eroberten Gebieten zurückzuziehen habe.

1973: Israel wird am Versöhnungstag (Jom Kippur am 6.10.) von zeitgleichen Angriffen der Syrer und Ägypter überrascht. Diese erzielen zunächst Erfolge, werden dann aber zurückgedrängt. Die Konsequenz daraus: Errichtung von UN-Pufferzonen am Sinai und den Golanhöhen.

1977: Wahlsieg des rechten Likud-Blocks unter Menachem Begin nach Jahrzehnten einer Linksregierung. Staatsbesuch des ägyptischen Präsidenten Anwar as-Sadat in Jerusalem

1979: Ägypten schließt am 26.3. als erstes arabisches Land Frieden mit Israel.

1980: Parlament erklärt Jerusalem zur „ewigen Hauptstadt Israels". Dies wird später von der UNO scharf verurteilt.

1981: Ermordung von Präsident Sadat durch einen Islamisten in Kairo. Israel annektiert durch Parlamentsbeschluss die 1967 eroberten Golanhöhen.

1982: Vollständige Rückgabe der Halbinsel Sinai an Ägypten. Israel marschiert in den Libanon ein, um dort die Palästinenser zu bekämpfen. Christlich-libanesische Milizen töten unter Billigung der Israelis in den palästinensischen Flüchtlingslagern Sabra und Schatila in Beirut zwischen 800 und 1500 Menschen. Manche Quellen sprechen von bis zu 4500 Toten.

1984/1985: „Operation Moses" bringt ca. 10.000 äthiopische Juden nach Israel.

1985: Rückzug Israels aus dem Libanon bis auf eine Sicherheitszone im Süden

1987: Beginn der ersten Intifada (Aufstand der Palästinenser gegen die Besatzung Israels). Mit Michel Sabbah aus Nazareth wird erstmals ein Araber zum Lateinischen Patriarchen von Jerusalem bestellt.

1988: PLO anerkennt das Existenzrecht Israels und schwört dem Terror ab.

1989: Beginn der Masseneinwanderung aus der Sowjetunion

1990/1991: Im Golfkrieg, der mit dem Einmarsch irakischer Truppen in Kuwait beginnt, werden auf Befehl Saddam Husseins auch auf Israel Raketen abgeschossen.

1991: Madrider Friedensgespräche, die zu einer friedlichen Neuordnung des Mittleren Ostens führen sollen.

1993: PLO und Israel einigen sich auf gegenseitige Anerkennung. Der Heilige Stuhl nimmt diplomatische Beziehungen mit Israel auf.

1994: Erster Rückzug Israels aus den seit 1967 besetzten Gebieten und begrenzte Autonomie der Palästinenser in Gaza und Jericho. Hamas widersetzt sich mit Terroranschlägen. Jordanisch-israelischer Friedensvertrag am 16. Juli und ausdrücklicher Verzicht Jordaniens auf das Westjordanland. Friedensnobelpreis an Yitzhak Rabin, Shimon Peres und Yassir Arafat.

1995: Premier Yitzhak Rabin wird von einem jüdisch-religiösen Nationalisten in Tel Aviv ermordet. Mehrere arabische Städte werden den Palästinensern zur Selbstverwaltung übergeben.

1996: Wahlen zum Palästinensischen Autonomierat. Yassir Arafat wird Präsident. Nach den Wahlen in Israel bildet Benjamin Netanyahu eine rechte Regierungskoalition.

1997: Abzug israelischer Truppen aus dem größten Teil von Hebron. Baubeginn der israelischen Siedlung Har Homa nahe dem Herodium bringt Friedensprozess zum Stillstand.

2000: Rückzug Israels aus dem Südlibanon. Der spätere Premier Ariel Scharon (ab 2001) besucht den Tempelberg und löst damit die zweite Intifada aus. Bis 2003 mehr als 90 palästinensische Terroranschläge in Israel, davon viele Selbstmordattentäter, die sich in Bussen, Restaurants, bei religiös-jüdischen Feiern in die Luft sprengen.

2002: Militäroperationen „Schutzschild" und „Entschlossenes Handeln" der Israelis in den besetzten Gebieten.

2003: Friedensplan („Road Map") von USA, UN, EU und Russland vorgelegt. Ziel: Errichtung eines Staates für die Palästinenser bis 2005. Israels Parlament stimmt dem Plan zu. Als Antwort auf die Selbstmordanschläge stellt Israel die ersten Teile der heftig umstrittenen Sperranlagen zum Westjordanland fertig, die 2004 vom Internationalen Gerichtshof für illegal erklärt werden.

2004: Scheich Ahmed Yassin, Gründer der Hamas, kommt bei israelischem Luftangriff ums Leben. Präsident Yassir Arafat stirbt am 11. November.

2005: PLO-Chef Mahmud Abbas tritt Amt als Präsident der Palästinensischen Autonomiebehörde an. Schwere Kämpfe zwischen Israel und Palästinensern in Gaza. Völliger Abzug der israelischen Armee nach 38 Jahren aus dem Gazastreifen – angeordnet von Premier Ariel Scharon. Spirale der Gewalt zwischen Hamas und Fatah/PLO-Anhängern in Gaza führt zu bürgerkriegsähnlichen Zuständen. Mehrere Versuche der Vermittlung scheitern.

2006: Libanonkrieg zwischen Hisbollah und Israel (12. Juli bis 8. September). Raketenbeschuss Nordisraels durch Hisbollah und Angriffe Israels auf den gesamten Libanon. Islamistische Hamas erringt Wahlsieg in Gaza; eine Regierung der „Nationalen Einheit" scheitert nach kurzer Zeit. Nach Entführung von drei israelischen Soldaten durch Palästinenser Einmarsch israelischer Truppen in Gaza.

2007: Die Zwistigkeiten zwischen Hamas und Fatah eskalieren. Präsident Abbas flüchtet ins Westjordanland.

2008: Als Antwort auf den anhaltenden Raketenbeschuss aus Gaza startet Israel am 27.12. die Operation „Gegossenes Blei".

2012: Hamas intensiviert den Beschuss Israels mit 1700 Raketen in elf Monaten. Israel antwortet mit der Operation „Wolkensäule". Am 29.11. erhält der „Staat Palästina" Beobachterstatus bei den Vereinten Nationen.

2014: Auf der Suche nach drei entführten israelischen Jugendlichen, die schließlich tot aufgefunden werden, kommt es im Westjordanland zu schweren Unruhen mit zahlreichen Verwundeten und Toten. Daraufhin stößt die Hamas „das Tor zur Hölle" auf: 200 Raketen werden innerhalb von sechs Wochen von Gaza aus auf Israel abgefeuert. Aus „Rache" ermorden sechs israelische Extremisten einen arabischen Jugendlichen. Zwischen 8. Juli und 26. August führt Israel die Operation „Schutzlinie" mit schweren Bombardements in Gaza durch.

2017: US-Präsident Donald Trump verlegt die US-Botschaft von Tel Aviv nach Jerusalem, womit er die Stadt als Hauptstadt Israels anerkennt. Internationale Proteste sind die Folge.

2019: Tausende Palästinenser fordern bei Demonstrationen in Gaza an der Grenze zu Israel die Aufhebung der seit Jahren andauernden Blockade. Im Mai eskaliert die Situation. Hunderte Raketen treffen Israel innerhalb weniger Tage. Israels Luftwaffe schlägt zurück.

◆◇

WAS MACHT JERUSALEM SO HEILIG, SO SCHWIERIG, SO EINZIGARTIG?

Die Antwort finden Sie auf Seite 33.

ANMERKUNGEN

1 Gespräch des Autors mit Abt Laurentius Klein im Juni 1978 in Jerusalem

2 Die in diesem Kapitel zitierten Witze stammen von jüdischen und nicht-jüdischen Freunden des Autors. Manche finden sich in ähnlicher Erzählweise im Buch: Landmann/Salcia: Jüdische Witze. dtv, München 1963

3 Interview des Autors mit Yehuda Bauer, geführt am 6.4.2019 in Jerusalem

4 Ebd.

5 Ebd.

6 Rabbiner Levi Brackmann: „Warum das Studium von Tora und Talmud eine Verpflichtung ist", in: Jüdische Allgemeine, Berlin, 23.8.2010

7 Amos Oz/Fania Oz-Salzberger: Juden und Worte. Jüdischer Verlag im Suhrkamp-Verlag, Berlin 2013, S. 29

8 Interview des Autors mit Amos Oz, geführt am 29.11.2015 in Tel Aviv

9 Vgl. Dieter Vieweger: Streit um das Heilige Land. Was jeder vom Israel-Palästina-Konflikt wissen sollte. Gütersloher Verlagshaus, München 2013, S. 136

10 Interview des Autors mit Yehuda Bauer, geführt am 6.4.2019 in Jerusalem

11 Henryk M. Broder: Der ewige Antisemit. Über Sinn und Funktion eines beständigen Gefühls. Fischer-Verlag, Frankfurt/Main 1987, S. 133

12 Dokumentation des israelischen Fernsehsenders „Kanal 2", ausgestrahlt am 27.10.2015

13 Gershom Sholem: Das Davidsschild. Geschichte eines Symbols. Jüdischer Verlag im Suhrkamp-Verlag, Berlin 2010, S. 76

14 Bella Chagall: Brennende Lichter. Rowohlt, Hamburg 1966, S. 34

15 Erich Fromm: Ihr werdet sein wie Gott. Eine radikale Interpretation des Alten Testaments und seiner Tradition. Rowohlt, Hamburg 2008, S. 159

16 Francesca Albertini in einem von Jens Rosbach gestalteten Radiobeitrag im „Deutschlandfunk Kultur", ausgestrahlt am 2.4.2010

17 Yair Kannai in „Fluch oder Segen? Die Juden als auserwähltes Volk" Radiobeitrag von Jens Rosbach. Deutschlandfunk/Kultur, 2.4.2010

18 Hermann Goedsche: Biarritz, 1868. Zitiert nach: Handbuch des Antisemitismus. Judenfeindschaft in Geschichte und Gegenwart. Walter de Gruyter-Verlag, Berlin 2013, S. 40

19 Ruth Beckermann: Rede anlässlich der Verleihung des Manès-Sperber-Preises, gehalten am 16.10. 2000 in Wien

20 Arthur Hertzberg: Wer ist Jude? Wesen und Prägung eines Volkes. Carl Hanser Verlag, München/Wien 1998, S. 38

21 Vgl. Jonathan Rosenblum: „Die Auserwählten", in: *Jüdische Allgemeine*, Berlin, 20.08.2009

22 Interview des Autors mit Amos Oz, geführt am 29.11.2015 in Tel Aviv

23 Ebd.

24 Zitiert nach: Jesus der Galiläer. In: *Welt und Umwelt der Bibel.* Stuttgart 2002. Heft 24, S. 7

25 Interview des Autors mit Amos Oz, geführt am 29.11.2015 in Tel Aviv

26 Amos Oz: Judas. Suhrkamp, Berlin, 5. Aufl. 2015, S. 275

27 Interview des Autors mit Amos Oz, geführt am 29.11.2015 in Tel Aviv

28 Karl Jaroš: Jesus von Nazareth. Ein Leben. Böhlau, Köln/Weimar/Wien 2011, S. 290

29 Frederick Zugibe: „Mordsache Jesus Christus", in: Jesus von Nazareth und die Entstehung einer Weltreligion. *Der Spiegel Geschichte*, Heft 6/2011, S. 77

30 Joachim Gnilka: Das Evangelium nach Markus. EKK II/2. Zürich, Neukirchen 1979, S. 322

31 Ernst Ludwig Ehrlich: „Eine jüdische Auffassung von Jesus". In: Was uns trennt ist die Geschichte. Hrsg. von Hanspeter Heinz und Hans Hermann Henrix. Verlag Neue Stadt 2008, S. 183

32 Friedrich Heer: Gottes erste Liebe. Bechtle, Esslingen 1967, S. 11

33 „Gesetz zum Schutz des deutschen Blutes und der deutschen Ehre", erlassen in Berlin am 15.9.1935

34 Vgl. George W. Bush zum Terrorkrieg. Auszüge aus Reden des US-Präsidenten, in: *Die Welt,* Ausgabe 18.09.2001

35 Helmut Wohnout: Das österreichische Hospiz, in: Mit Szepter und Pilgerstab. Österreichs Präsenz im Heiligen Land seit den Tagen Kaiser Franz Josephs. Hrsg. von Bernhard A. Böhler, Österreichischer Wirtschaftsverlag Wien 2000, S. 75

36 Safwat Hagazy: „Mursis ernüchternde Zwischenbilanz", 5.11.2012, zitiert nach www.kalifat.com – Für ein islamisch-politisches Bewusstsein

WELCHE ORTE SOLLTE MAN UNBEDINGT BESUCHEN?

Die Antwort finden
Sie auf Seite 20.

DANKSAGUNG

DIESES BUCH ist ein vorläufiger Endpunkt eines vier Jahrzehnte langen Lernprozesses. Dieser war von Menschen bestimmt, die mich auf diesem Weg begleitet haben. Mein erster Dank gilt meiner Frau Ulla Nidetzky. Ihr nicht sichtbarer Beitrag an dem Buch ist groß. Sie hat mich als Erstleserin mit kritischen Fragen begleitet, sie hat mich aber auch ermutigt weiterzumachen, wenn Zweifel meine Arbeit überschattet haben. Zudem möchte ich ihr für die Mühe des Lektorats danken. Sie hat die Texte nicht nur orthografisch und grammatikalisch korrigiert, sondern mich immer wieder dazu aufgefordert, schwierige Zusammenhänge leicht und nachvollziehbar darzustellen.

Danken möchte ich auch meinen langjährigen Freunden Ida und Doron Heiliger aus Mevasseret Zion, die mir viele Begegnungen in Israel ermöglicht haben. Durch sie habe ich das Land bunt, oft auch widersprüchlich erlebt. Sie waren es aber auch, die mir in schweren Tagen hilfreich zur Seite gestanden sind. An Ida und Doron habe ich erfahren, wie wertvoll Freundschaft sein kann.

Auch wenn sie bereits verstorben sind, so möchte ich meine Eltern Josefa und Wolfgang Sotill erwähnen. Sie waren es, die es mir als jungem Studenten der katholischen Theologie in Graz ermöglicht haben, zwei Semester an der Benediktinerabtei Dormitio Mariae in Jerusalem zu studieren. Das war 1977/78, zu einer Zeit, als Auslandssemester für Österreicher in Israel höchst ungewöhnlich und auch extrem teuer waren. Dieser Studienaufenthalt hat mein gesamtes Leben geprägt.

Die Arbeit an diesem Buch wäre aber gar nicht möglich gewesen, wenn mir nicht Univ.-Prof. Dr. Michael Pfeilstöcker vom Hanusch-Krankenhaus in Wien in schwierigen Tagen der Krankheit geholfen hätte. Ihm und all den vielen christlichen, aber vor allem vielen jüdischen Freunden, die sich um mich gesorgt und für mich gebetet haben, sei herzlichst gedankt. Stellvertretend möchte ich

Susi Shaked von der Österreichisch-Israelischen Gesellschaft erwähnen. Ihre Ermutigungen waren oft sehr hilfreich.

Es ist mir als Autor eine besondere Freude, dass sich der international bekannte Fotograf Christian Jungwirth aus Graz spontan bereit erklärt hat, sein Bildmaterial zur Verfügung zu stellen. Dadurch ist eine Illustration des Werkes geglückt, die stark von anderen Israel-Büchern abweicht.

Die Produktion von Büchern ist kostspielig, der wirtschaftliche Erfolg ungewiss. Deshalb darf ich mich beim steirischen LH Hermann Schützenhöfer und beim Grazer Bürgermeister Siegfried Nagl für den geleisteten Druckkostenbeitrag bedanken.

Israel ist, wie dieses Buch zeigt, ein schwieriges, aber auch spannendes Land – eines voller Gegensätze. Nur allzu groß ist die Versuchung, diese im Sinn einer leichteren Verständlichkeit zu glätten. Dies hat der Styria-Verlag nicht getan. Dafür zolle ich ihm Respekt und Dank.

Als Autor mehrerer Bücher sind mir von jedem einzelnen Werk stets zwei Augenblicke in besonderer Erinnerung: jener, an dem der Verlag dem Projekt zugestimmt hat und jener der Erstpräsentation. Diese fand bei diesem Buch in der Grazer Synagoge statt. Dem Präsidenten der Jüdischen Gemeinde in der steirischen Landeshauptstadt, MMag. Elie Rosen, sei dafür herzlich gedankt.

Möge das nun vorliegende Buch viel Freude bringen und für ein differenziertes Israel-Bild sorgen.

Nestelbach bei Graz, August 2019

DER AUTOR

© Elias Nidetzky

Wolfgang Sotill, Jahrgang 1956, hat Israel mehr als hundert Mal besucht – und bereist es nach wie vor mehrmals jährlich als Reiseleiter. Schon während seines Studiums in Jerusalem lernte er die Geschichte des Landes und dessen Konflikte kennen. Der ehemalige Redakteur der „Kleinen Zeitung" interviewte israelische und palästinensische Politiker, Überlebende des Holocaust, Siedler und deren arabische Nachbarn, Künstler, Denker und religiöse Führer, die Israel geprägt haben.

Kontakt: wolfgang.sotill@me.com

HAT IHNEN dieses Buch gefallen?
Dann würden wir uns über Ihre Weiterempfehlung
freuen. Erzählen Sie darüber im Freundeskreis,
berichten Sie Ihrem Buchhändler oder bewerten Sie
beim Onlinekauf.
    Möchten Sie weitere Informationen zum Thema?
Möchten Sie mit dem Autor in Kontakt treten?
Wir freuen uns auf Austausch und Anregung unter
leserstimme@styriabooks.at
    Mehr Inspiration, Geschenkideen und gute
Geschichten finden Sie auf **www.styriabooks.at**

STYRIA
BUCHVERLAGE

Bücher aus der Verlagsgruppe Styria gibt es
in jeder Buchhandlung und im Online-Shop
www.styriabooks.at

Alle Fotos: Christian Jungwirth
Covergestaltung: Peter Manfredini
Covergrafik: iStockphoto.com/Oleksii Gotovyi
Buchgestaltung und Satz: KettnerVogl – Grafik Design

Druck und Bindung: P&B Print
Printed in the EU
7 6 5 4 3 2 1